诸子百家

卷一

[战国] 孟子 著

图书在版编目（CIP）数据

诸子百家/［战国］孟子著．—北京：北京工艺美术出版社，2019.4

（品读经典：双色线装）

ISBN 978-7-5140-1619-2

Ⅰ．①诸… Ⅱ．①孟… Ⅲ．①先秦哲学 Ⅳ．①B22

中国版本图书馆CIP数据核字（2018）第212403号

出 版 人：陈高潮
责任编辑：王炳护
装帧设计：书心瞬意
责任印制：宋朝晖

诸子百家

［战国］孟子 著

出　版　北京工艺美术出版社
发　行　北京美联京工图书有限公司
地　址　北京市朝阳区化工路甲18号
　　　　中国北京出版创意产业基地先导区
邮　编　100124
电　话　(010) 84255105（总编室）
　　　　(010) 64283630（编辑室）
　　　　(010) 64280045（发　行）
传　真　(010) 64280045/84255105
网　址　www.gmcbs.cn
经　销　全国新华书店
印　刷　三河市文通印刷包装有限公司
开　本　889毫米×1194毫米　1/16
印　张　40
版　次　2019年4月第1版
印　次　2019年4月第1次印刷
印　数　1～3000
书　号　ISBN 978-7-5140-1619-2
定　价　380.00（全四卷）

前言

近年来，随着国学热的兴起，越来越多的人开始阅读国学经典著作。中国国学博大精深，犹如浩渺的大海，可以穷其毕生的精力与时间来研读。『吾生也有涯，而知也无涯』，故而，我们在这里『只取一瓢饮』，本书特选择了诸子百家学说这一众所周知的内容，精选诸子百家之言，编纂成书。

『诸子百家』通常是指春秋战国时期的各家学说，也有把春秋战国以后历朝各代的各家学说包括在内的。本书采用后者，其中一些学说就选择了春秋战国以后朝代的著作，如小说家中的《世说新语》《颜氏家训》。关于诸子百家的划分，最早是司马迁的父亲司马谈提出来的，他在《论六家要旨》中将诸子百家划分为『阴阳、儒、墨、名、法、道』等六家。后来，刘歆在《七略》中，又在司马谈划分的基础上，增加了『纵横、杂、农、小说』等为十家。班固在《汉书·艺文志》中针对刘歆的分类指出：『诸子十家，其可观者九家而已。』『小说家者流，盖出于稗官；街谈巷语、道听途说者之所造也。』所以，后来人们谈论诸子时除去『小说家』，称其他九家为『九流』。本书博采众说，将诸子百家划分为儒家、道家、墨家、法家、名家、兵家、纵横家、杂家、医家、小说家十类。

在内容体例安排上，本书为诸子百家原著精选注，其主要编辑特点有：

◆ **分类清晰。** 按照十类划分，分类清晰，方便读者查阅各家学说流派及其代表著作。

◆ **精选篇目。** 上篇精选诸子百家经典著作及经典名篇，以体现这个学说的主张和特点。在选择各家著作时，本书力图选择具有代表性的学术流派人物及其代表著作，以满足大范围读者的需求。

◆ **百家概述。** 编者在介绍各家流派前整理出了对该流派的简要概述，供读者从整体上了解该学说的主张和特点。

◆**注释详细。**在原著选读之后，添加详细注释，供读者参考阅读。

本书只是精选诸子百家中的代表人物和代表篇目，还不足以囊括整个诸子百家流派及其学说主张，愿本书能激发读者深入研究百家之言的潜质。最后，希望本书能让读者在学习和生活中受益。由于本书编纂时间比较仓促，书中难免会有疏漏之处，欢迎读者批评指正。

目录

第一章 儒家

儒家概述

儒家是战国时期的重要学派之一。它的代表人物是：孔子、孟子、荀子。主要作品有：《论语》《孟子》《荀子》。儒家崇尚「礼乐」和「仁义」，提倡「忠恕」和「中庸」之道。主张「德治」「仁政」，重视伦理关系和人的自身修养。在政治上，儒家强调以礼治国，以德治国，主张恢复周礼。另外，它注重教育的重要作用，在天下之下施行教育，并认为「有教无类」，这是国家安定、百姓安居乐业的一个重要通道。儒家思想对整个中国古代文化有很重要的影响随着时间的推移，它发展出不同的派别体系。同时，儒家思想也影响到东亚和欧洲的一些国家。

《论语》

学而第一

子曰[①]：「学而时习之[②]，不亦说乎[③]？有朋自远方来，不亦乐乎？人不知而不愠[④]，不亦君子乎[⑤]？」

【注释】

①子：古代对男子的尊称，《论语》中「子曰」的「子」，都是指孔子。②时：在一定的时候或在适当的时候。习：实习或温习、演习。③说：同「悦」，高兴、愉快。④愠：怨恨。⑤君子：这里指有道德修养的人。

有子曰：「礼之用，和为贵[①]。先王之道[②]，斯为美；小大由之[③]。有所不行，知和而和，不以礼节之，亦不可行也。」

【注释】

①和：中和、和谐，恰到好处之意。②先王：指尧、舜、禹、汤、周文王、周公旦等。③由：经过。

子曰：「弟子入则孝[①]，出则悌，谨而信[②]，泛爱众而亲仁[③]。行有余力，则以学文[④]。」

【注释】

①弟子：这里指年轻的人。②谨：按规矩做事。③泛：广。亲：接近。④文：指《诗》《书》《礼》《易》《春秋》《乐》等古代文献。

子夏曰[①]：『贤贤易色[②]，事父母能竭其力，事君能致其身[③]，与朋友交言而有信。虽曰未学，吾必谓之学矣。』

【注释】

①子夏：孔子的学生，姓卜，名商，字子夏。②贤贤：尊重贤人。易色：不重容貌。③致：委弃、献纳，这里指献出。

子曰：『君子不重则不威[①]，学则不固，主忠信[②]。无友不如己者[③]。过，则勿惮改[④]。』

【注释】

①重：庄重。威：威严。②主：主张，这里为坚守之意。③无：同『毋』，不要。④惮：怕。

子禽问于子贡曰[①]：『夫子至于是邦也[②]，必闻其政，求之与？抑与之与？』子贡曰：『夫子温、良、恭、俭、让以得之[③]。夫子之求之也，其诸异乎人之求之与[④]？』

【注释】

①子禽：姓陈，名亢，字子禽。子贡：姓端木，名赐，字子贡，孔子的学生。②夫子：此指孔子。③温：温和。良：善良。恭：恭敬。俭：节俭。让：谦逊。④其诸：表示不肯定的语气词，意为『或者』『大概』。

有子曰：『信近于义[①]，言可复也[②]。恭近于礼，远耻辱也。因不失其亲[③]，亦可宗也[④]。』

【注释】

①信：信约，约言。义：义理，是行为判断的价值标尺，有做事适宜的意思。②复：实践、履行。言：诺言。③因：

依靠，凭借。④宗：主，可靠。

子曰：『君子食无求饱，居无求安，敏于事而慎于言①，就有道而正焉②，可谓好学也已③。』

【注释】

①敏：奋勉。②就：走向，接近。正：匡正。③已：同『矣』。

子贡曰：『贫而无谄，富而无骄，何如①？』子曰：『可也；未若贫而乐，富而好礼者也。』

子贡曰：『《诗》云：「如切如磋，如琢如磨②。」其斯之谓与③？』子曰：『赐也，始可与言《诗》已矣，告诸往而知来者④。』

【注释】

①何如：怎么样。②如切如磋，如琢如磨：切：用刀切断。磋：用锉锉平。琢：用刀雕刻。磨：用物磨光。这是古代治玉器、骨器的不同工艺，这里用以比喻人对于研究学问和锻炼品德的精益求精。③斯：这，指孔子说的『未若贫而乐，富而好礼者也』的话。④往：过去的事，这里指已知的事。来者：未来的事，这里指未知的事。

为政第二

子曰：『《诗》三百，一言以蔽之①，曰：「思无邪②」。』

【注释】

①一言：一句话。蔽：概括。②无邪：纯正，不邪恶。

子曰：『吾十有五而志于学①，三十而立②，四十而不惑③，五十而知天命④，六十而耳顺⑤，七十而从心所欲⑥，不逾矩⑦。』

【注释】①有：同『又』。②立：自立，这里指做事合礼，站得住脚。③惑：迷惑。④天命：上天的意志，是天决定人类命运的一种观点。⑤耳顺：对听到的东西即能辨别清楚，心领神会。⑥从心所欲：随心所欲。⑦逾：超过。矩：规矩、法度。

子曰：『学而不思则罔①，思而不学则殆②。』

【注释】

①罔：同『惘』，迷惑。②殆：危险。

子曰：『由①！诲女知之乎②！知之为知之，不知为不知，是知也③。』

【注释】

①由：姓仲，名由，字子路，孔子的学生。②诲：教导，诱导。女：同『汝』，你。之：它，指孔子教给学生的学问。③知：同『智』。

孟懿子问孝①。子曰：『无违②。』

樊迟御③，子告之曰：『孟孙问孝于我④，我对曰：「无违」。』樊迟曰：『何谓也？』子曰：『生，事之以礼；死，葬之以礼，祭之以礼。』

【注释】

①孟懿子：鲁国大夫，姓仲孙，名何忌，懿是谥号。②无违：不违背礼。③樊迟：孔子的学生，名须，字子迟。御：为孔子赶车。④孟孙：即孟懿子，常越礼行事。

孟武伯问孝①。子曰："父母唯其疾之忧②。"

【注释】

①孟武伯：孟懿子的儿子，名彘。武是谥号。②其：代词，指父母。

子游问孝①。子曰："今之孝者，是谓能养②。至于犬马，皆能有养；不敬，何以别乎？"

【注释】

①子游：姓言，名偃，字子游。孔子的学生。②养：供奉饮食。

子夏问孝。子曰："色难①。有事，弟子服其劳②；有酒食，先生馔③，曾是以为孝乎④？"

【注释】

①色难：儿子侍奉父母时面容愉悦，是内心真情的自然流露，不能有丝毫不耐烦的表现。色：脸色。②弟子：子女。③先生：长辈，这里指父母。馔：吃、喝。④曾：竟然。是：这。

子曰："吾与回言终日①，不违②，如愚。退而省其私③，亦足以发④，回也不愚。"

【注释】

①回：姓颜，名回，字子渊，孔子的学生。②不违：不违背孔子讲的话，不向孔子提出反对意见。③退而省其私：孔子离开颜回后思考颜回的行为。省：观察。④发：发挥。

子曰："视其所以①，观其所由②，察其所安③。人焉廋哉④？人焉廋哉？"

【注释】

①所以：所做的事。以：为，做。②由：行，指经过的道路。③所安：对所做的事心安。安：心安，指心里乐于什么。

④廋：藏匿。

子曰：「君子不器①。」

【注释】

①器：器皿。这里比喻人的有限的才能。

子曰：「君子周而不比①，小人比而不周。」

【注释】

①周：合群、团结。比：勾结。

子张学干禄①。子曰：「多闻阙疑②，慎言其余，则寡尤③；多见阙殆④，慎行其余，则寡悔。言寡尤，行寡悔⑤，禄在其中矣。」

【注释】

①子张：姓颛孙，名师，字子张，孔子的学生。干：求。禄：俸禄。②阙：同「缺」，保留的意思。③寡：少。尤：过错。④殆：疑惑。⑤行：所行的事。

哀公问曰①：「何为则民服？」孔子对曰②：「举直错诸枉③，则民服；举枉错诸直，则民不服。」

【注释】

①哀公：姓姬，名蒋，鲁国国君，「哀」是谥号。②对曰：《论语》中凡臣对答君主的话，一定用「对曰」，以示尊敬。③举：选拔，举用。直：正直，此指正直的人。错：放置。诸：「之于」，在……之上。枉：不正直，不正派。这里指行为邪恶的人。

季康子问[1]："使民敬、忠以劝[2]，如之何？"子曰："临之以庄[3]，则敬；孝慈[4]，则忠；举善而教不能，则劝。"

【注释】

①季康子：姓季孙，名肥，鲁国的大夫，鲁哀公时政治上最有权力的人。"康"是谥号。②以：连词，相当于"而"或"和"。劝：鼓励。③临：对待。④慈：本指父母对子女的爱，引申为爱护幼小。

或谓孔子曰："子奚不为政？"子曰："《书》云[1]：'孝乎唯孝，友于兄弟，施于有政[2]。'是亦为政，奚其为为政？"

【注释】

①《书》：指《尚书》，这里引用的三句话是古《尚书》逸文，今文《尚书》无。②施：推广。有：助词，无意。政：家政。

子曰："人而无信，不知其可也。大车无輗[1]，小车无軏[2]，其何以行之哉？"

【注释】

①輗：是牛拉的车的车辕与横木相接的关键（活销）。②軏：是马拉的小车车辕与横木相接的关键。驾车时必须使车辕与横木相接处的輗或軏关上，否则就套不住牲口，车也无法行走。

子张问："十世可知也[1]？"子曰："殷因于夏礼[2]，所损益，可知也；周因于殷礼，所损益，可知也。其或继周者，虽百世，可知也。"

【注释】

①十世：指今后十代的礼仪制度。世，朝代。②因：因袭，继承。

子曰："非其鬼而祭之[1]，谄也[2]。见义不为，无勇也[3]。"

【注释】

①鬼：指已死的祖先，这里泛指鬼神。②谄：祭祀的目的是求福，为了求福而去祭不该祭的鬼神，即为谄媚。③勇：勇气，敢作敢为毫不畏惧的气魄。

八佾第三

孔子谓季氏①："八佾舞于庭②，是可忍也，孰不可忍也？"

【注释】

①季氏：季孙氏，这里指季平子，鲁国的大夫。②八佾：古代奏乐舞蹈的行列。佾：行，队列，八人一行为一佾，八佾是八行，六十四人，天子所用之乐。季氏是大夫，按规定只能用四佾，而他越级用八佾。

子曰："管仲之器小哉①！"

或曰："管仲俭乎？"曰："管氏有三归②，官事不摄③，焉得俭？"

"然则管仲知礼乎？"曰："邦君树塞门④，管氏亦树塞门。邦君为两君之好，有反坫⑤，管氏亦有反坫。管氏而知礼，孰不知礼？"

【注释】

①管仲（？—公元前645年）：姓管，名夷吾，春秋初期政治家。辅佐齐桓公成为霸主。②三归：市租。作释为三姓之女、三处采邑、三处府库等。③摄：兼任。④树：树立。塞门：在大门内建造的小门，使外面看不见里面，相当于后来的照壁之类。当时只有天子、诸侯才有资格用塞门。⑤反坫：古代君主接待他国君主宴饮时，放置饮完酒后的空杯子的土台。

里仁第四

子曰：「富与贵，是人之所欲也；不以其道得之，不处也①。贫与贱，是人之所恶也，不以其道得之②，不去也。君子去仁，恶乎成名③？君子无终食之间违仁④，造次必于是⑤，颠沛必于是⑥。」

【注释】

①处：接受、享受。②得：当是「去」字之误。③恶：同「乌」，相当于何、怎么。④终食：吃完一顿饭。违：离开。⑤造次：匆忙，仓促。于：即「为」，指实行。⑥颠沛：跌倒，形容人事困顿，流离失所。

公冶长第五

子曰：「巧言、令色、足恭①，左丘明耻之②，丘亦耻之。匿怨而友其人③，左丘明耻之，丘亦耻之。」

【注释】

①足：十足，过分。②左丘明：姓左丘，名明，春秋鲁国的史官，相传是《左传》《国语》的作者。③匿：隐藏。

子谓公冶长①，「可妻也②。虽在缧绁之中③，非其罪也。」以其子妻之④。

子谓南容⑤，「邦有道，不废⑥；邦无道，免于刑戮」。以其兄之子妻之⑦。

子谓子贱⑧，「君子哉若人⑨！鲁无君子者，斯焉取斯⑩」？

子贡问曰：「赐也何如？」子曰：「女，器也。」曰：「何器也？」曰：「瑚琏也⑪。」

或曰：「雍也仁而不佞⑫。」子曰：「焉用佞？御人以口给⑬，屡憎于人。不知其仁⑭，焉用佞？」

子使漆雕开仕⑮。对曰：「吾斯之未能信⑯。」子说。

子曰：「道不行，乘桴浮于海⑰。从我者⑱，其由与？」子路闻之喜。子曰：「由也好勇过我，无所取材⑲。」

【注释】

①公冶长：姓公冶，名长，孔子的学生。②妻：把女子嫁给某人。③缧绁：捆犯人的绳子，这里指监狱。④子：古时儿女都可称子，这里指女儿。⑤南容：姓南宫，名适，字子容。孔子的学生。⑥废：废置不用。⑦兄之子：孔子兄孟皮之女儿。⑧子贱：姓宓，名不齐，字子贱。孔子的学生。⑨若：像。⑩斯：这个，指子贱，后一个『斯』指好的品德。⑪瑚琏：古代祭祀时盛粮食的器皿，上面装饰有玉，十分贵重华美。孔子把子贡比作瑚琏，是说子贡有某一方面的才能，但他还不是全才。⑫雍：姓冉，名雍，字仲弓，孔子的学生。佞：能言善辩。⑬御：防御，这里指辩驳。口给：言词便捷，快嘴利舌。给：足。⑭不知其仁：孔子不是真的不知道冉雍是否有仁德，只是说得很委婉，实际是说冉雍还达不到『仁』的水平。⑮漆雕开：姓漆雕，名开，字子开，孔子的学生。⑯斯：这，指出仕。⑰桴：过河用的木制或竹制的小筏子。⑱从：跟随。⑲材：同『裁』，裁度事理。

孟武伯问：『子路仁乎？』子曰：『不知也。』又问。子曰：『由也，千乘之国，可使治其赋也[1]。不知其仁也。』

『求也何如？』子曰：『求也，千室之邑[2]，百乘之家[3]，可使为之宰也[4]。不知其仁也。』

『赤也何如[5]？』子曰：『赤也，束带立于朝，可使与宾客言也[6]。不知其仁也。』

【注释】

①赋：兵赋，这里指军政工作。②邑：古代居民聚住的地方。千室之邑是指有一千户人家的城市。③家：古代分封给卿、大夫的采邑。④宰：古代一县的长官或大夫家的总管和家臣的通称。⑤赤：姓公西，名赤，字子华，孔子的学生。⑥宾客：古代贵客叫宾，一般客人叫客。

子谓子贡曰：『女与回也孰愈[1]？』对曰：『赐也何敢望回？回也闻一以知十，赐也闻一以知二。』子曰：『弗如也；吾与女弗如也②。」

【注释】

①回：颜回。愈：更强，胜过。②弗：不。与：赞同，同意。

宰予昼寝①。子曰：「朽木不可雕也，粪土之墙不可杇也②；于予与何诛③？」子曰：「始吾于人也，听其言而信其行；今吾于人也，听其言而观其行。于予与改是④。」

【注释】

①昼寝：白天睡觉。②杇：抹墙的工具，这里指粉刷墙。③诛：责备，批评。④是：对人的态度。

子曰：「吾未见刚者。」或对曰：「申枨①。」子曰：「枨也欲，焉得刚？」

【注释】

①申枨：姓申，名枨，字周，孔子的学生。

子贡曰：「夫子之文章①，可得而闻也；夫子之言性与天道②，不可得而闻也。」

【注释】

①文章：指孔子传授的《诗》《书》《礼》《乐》等文献中的知识。②性：人的本性。天道：天命，一般指自然和人类社会吉凶祸福的关系，这里指主宰人类命运的上天的意志。

子路有闻，未之能行，唯恐有闻①。

【注释】

①有：又。

子贡问曰：「孔文子何以谓之『文』也[1]？」子曰：「敏而好学，不耻下问，是以谓之『文』也。」

【注释】

①孔文子：姓孔，名圉，卫国的大夫。子是尊称，文是谥号。

子谓子产[1]，「有君子之道四焉：其行己也恭[2]，其事上也敬，其养民也惠，其使民也义。」

【注释】

①子产：姓公孙，名侨，字子产，郑国的著名贤相，杰出的政治家和外交家。②行己：要求自己。

子曰：「晏平仲善与人交[1]，久而敬之。」

【注释】

①晏平仲：姓晏，名婴，字仲，『平』是谥号，春秋时齐国大夫。他在齐灵公时任齐卿，历任灵公、庄公、景公三世。

子曰：「臧文仲居蔡[1]，山节藻棁[2]，何如其知也？」

【注释】

①臧文仲：姓臧孙，名辰，『文』是谥号，鲁国大夫。蔡：大乌龟，因蔡国产大乌龟而特指，这里指大乌龟壳。臧文仲收藏大乌龟壳是为占卜用。②节：柱子上的斗拱。山节：形状像山的斗拱。藻：水草名。棁：大梁上的短柱。

子张问曰：「令尹子文三仕为令尹[1]，无喜色；三已之[2]，无愠色[3]。旧令尹之政，必以告新令尹。何如？」子曰：「忠矣。」曰：「仁矣乎？」曰：「未知，焉得仁？」

「崔子弑齐君[4]，陈文子有马十乘[5]，弃而违之[6]。至于他邦，则曰：『犹吾大夫崔子也。』违之。之一邦，则又曰：『犹吾大夫崔子也。』违之。何如？」子曰：「清矣。」曰：「仁矣乎？」曰：「未知，焉得仁？」

【注释】

①令尹子文：令尹，官名。为楚国的最高官职，掌军政大权。子文，姓斗，名縠于菟，字子文。②三：泛指多次。已：免职。③愠：怒，怨恨。④崔子：齐国大夫崔杼。齐君：齐庄公，姓姜，名光。弑：古代地位在下的杀掉地位在上的。⑤陈文子：名须无，齐国的大夫。⑥违：离开。

季文子三思而后行①。子闻之，曰：『再，斯可矣。』

【注释】

①季文子：姓季孙，字行父，『文』是谥号。

子曰：『宁武子①，邦有道，则知；邦无道，则愚②。其知可及也，其愚不可及也。』

【注释】

①宁武子：姓宁，名愈，『武』是谥号，卫国的大夫。②愚：指装傻。

子在陈①，曰：『归与！归与！吾党之小子狂简②，斐然成章③，不知所以裁之④。』

【注释】

①陈：陈国，大约在今河南东部、安徽北部一带。②党：乡党，故乡之意，指鲁国。狂简：志向高大。③斐然：有文采的样子。④裁：裁剪，节制。

子曰：『伯夷、叔齐不念旧恶①，怨是用希②。』

【注释】

①伯夷、叔齐：商朝末年孤竹君的两个儿子。父亲死后，因互让君位而逃到周。周武王伐纣，他俩认为这是臣

下犯上作乱而进行阻止。周灭商后，他俩以吃周朝的粮食为耻辱，隐居在首阳山，采野菜生活，最终饿死。旧恶：宿怨，旧仇。②是用：因此。希：同「稀」，少。

子曰：「孰谓微生高直①？或乞醯焉②，乞诸其邻而与之。」

【注释】

①微生高：姓微生，名高，鲁国人。直：直爽。②醯：醋。

颜渊、季路侍①。子曰：「盍各言尔志②？」

子路曰：「愿车马衣轻裘与朋友共，敝之而无憾③。」

颜渊曰：「愿无伐善④，无施劳⑤。」

子路曰：「愿闻子之志。」

子曰：「老者安之，朋友信之，少者怀之。」

【注释】

①季路：即子路。侍：侍立。②盍：何不。③裘：皮衣。「轻」是衍文。敝：破旧。④伐善：夸耀好处。⑤施劳：表白功劳。

子曰：「已矣乎①，吾未见能见其过而内自讼者也②。」

【注释】

①已：止。已也乎：感叹词，很失望的意思。②自讼：自我责备。

述而第七

子曰：『述而不作①，信而好古，窃比于我老彭②。』

【注释】

①述：传述。作：创作。②窃：私下，私自。老彭：商代的一位大夫。

子曰：『默而识之①，学而不厌，诲人不倦②，何有于我哉？』

【注释】

①识：记住。②诲：教导，诱导。

子曰：『德之不修，学之不讲，闻义不能徙①，不善不能改，是吾忧也。』

【注释】

①徙：迁移，这里是见善则迁。

子之燕居①，申申如也②，夭夭如也③。

【注释】

①燕居：闲居。②申申：衣冠整齐。③夭夭：仪态温和舒畅。

子曰：『甚矣吾衰也！久矣吾不复梦见周公①。』

【注释】

①周公：名旦，周文王的儿子，武王的弟弟，成王的叔父，据说西周的礼乐制度是由他制定的，是孔子非常崇拜的圣人。

子曰：『志于道，据于德①，依于仁，游于艺②。』

【注释】

①据：执守，根据。②艺：六艺，指礼、乐、射、御、书、数，是孔子教育学生的六门课程。

子曰：『自行束脩以上①，吾未尝无诲焉。』

【注释】

①束脩：一束干肉，指学生交给老师的学费。脩，干肉，又称「脯」。束，十条干肉。

子曰：『不愤不启①，不悱不发②，举一隅而不以三隅反③，则不复也。』

【注释】

①愤：心里苦苦思索想把问题弄明白，但还没有想通的样子。②悱：口中想说但不能明确说出来的样子。③隅：角落。

子谓颜渊曰：『用之则行，舍之则藏①，唯我与尔有是夫！』

子路曰：『子行三军②，则谁与③？』子曰：『暴虎冯河④，死而无悔者，吾不与也。必也临事而惧⑤，好谋而成者也。』

【注释】

①舍：舍弃，指不用。②行：指挥，率领。三军：古代大国有三军，每军12500人，这里指全军。③与：在一起，指共事。④暴虎：赤手空拳与虎搏斗。冯河：不凭任何渡河工具而徒步过河。冯：同『凭』。⑤惧：谨慎小心。

子曰：『富而可求也①，虽执鞭之士②，吾亦为之。如不可求，从吾所好。』

【注释】

①而：如果。可求：用正当的方法去求。②执鞭之士：拿着鞭子为达官贵人开路的下等差役。

子之所慎：齐①，战，疾。

【注释】

①齐：同「斋」，即斋戒。古代在祭祀之前，沐浴更衣，不喝酒，不吃荤，不吃葱蒜，不与妻妾同居房事，整洁身心，以示虔诚。

子在齐闻《韶》①，三月不知肉味②，曰：「不图为乐之至于斯也。」

【注释】

①《韶》：舜时的乐曲名。②三月：泛指长时间。

冉有曰：「夫子为卫君乎①？」子贡曰：「诺，吾将问之。」入，曰：「伯夷、叔齐何人也？」曰：「古之贤人也。」曰：「怨乎？」曰：「求仁而得仁，又何怨？」出，曰：「夫子不为也。」

【注释】

①为：帮助。卫君：卫国的国君卫出公，姓蒯，名辄。他的祖父是卫灵公，父亲是蒯聩。灵公死，辄立为卫国君，他的父亲蒯聩逃亡在晋国，在晋国支持下回卫国与他争夺王位。

子曰：「饭疏食，饮水①，曲肱而枕之②，乐亦在其中矣。不义而富且贵，于我如浮云。」

【注释】

①饭：吃饭。疏食：粗粮。②肱：胳膊。

子所雅言①，《诗》《书》、执礼，皆雅言也。

【注释】

①雅言：周朝的通行语言，相当于现在的普通话。

叶公问孔子于子路①，子路不对。子曰：『女奚不曰，其为人也，发愤忘食，乐以忘忧，不知老之将至云尔②。』

【注释】

①叶公：姓沈，名诸梁，字子高，楚国的大夫，封地叶城（今平顶山市叶县南）。②云尔：如此罢了。

子曰：『天生德于予，桓魋①其如予何？』

【注释】

①桓魋：宋国的司马向魋。因是宋桓公后代，故称桓魋。据说，孔子带着自己学生在宋国一棵大树下演习礼仪，桓魋想杀死孔子，砍倒大树，弟子劝孔子快点跑，孔子于是就说了这句话。

子曰：『二三子以我为隐乎①？吾无隐乎尔。吾无行而不与二三子者②，是丘也。』

【注释】

①二三子：诸位，几个人，这里指孔子的学生。②无行：没有什么事情。与：示，教。

子曰：『圣人，吾不得而见之矣；得见君子者，斯可矣。』

子曰：『善人，吾不得而见之矣；得见有恒者①，斯可也。亡而为有，虚而为盈，约而为泰②，难乎有恒矣。』

【注释】

①恒：恒心，有操守。②约：穷困。泰：富足。

子钓而不纲①，弋不射宿②。

【注释】

①纲：网上的大绳。在大绳下挂着网，横拦在水中捕鱼，也叫纲。②弋：用带生丝的箭射。宿：指归巢歇宿的鸟。

子曰：『盖有不知而作之者①，我无是也。多闻，择其善者而从之；多见而识之②，知之次也③。』

【注释】

①作：凭空造作。②识：记住。③次：次一等，差一等。这里指学而知之者比生而知之者次一等。

互乡难与言①，童子见，门人惑。子曰：『与其进也②，不与其退也，唯何甚？人洁己以进，与其洁也，不保其往也③。』

【注释】

①互乡：地名。②与：赞许，肯定。③保：守，这里有抓住不放的意思。

陈司败问：『昭公知礼乎①？』孔子曰：『知礼。』

孔子退，揖巫马期而进之②，曰：『吾闻君子不党，君子亦党乎？君取于吴③，为同姓，谓之吴孟子④。君而知礼，孰不知礼？』

巫马期以告⑤。子曰：『丘也幸，苟有过，人必知之。』

【注释】

①陈司败：人名。也有说陈为国名，司败为官名。昭公：鲁昭公，名稠，昭是谥号。②巫马期：姓巫马，名施，字子期，孔子的学生。③取：同『娶』。④吴孟子：鲁昭公夫人。⑤以告：以之告，就是把陈司败的话告诉孔子。

子曰：『文①，莫吾犹人也②。躬行君子，则吾未之有得。』

【注释】

①文：文化知识。②莫：大约，大概。

子曰：『若圣与仁，则吾岂敢①？抑为之不厌②，诲人不倦，则可谓云尔已矣。』公西华曰：『正唯弟子不能学也。』

【注释】

①岂敢：怎么敢当。②抑：只是，可是。之：代指圣与仁。

子疾病①，子路请祷。子曰：『有诸？』子路对曰：『有之。诔曰②：「祷尔于上下神祇③。」』子曰：『丘之祷久矣。』

【注释】

①疾：病。病：形容病情加重。②诔：向鬼神祈祷的文章。③祇：地神。

子曰：『奢则不孙①，俭则固②。与其不孙也，宁固。』

【注释】

①孙：同『逊』，恭顺。不孙，这里有『越礼』之意。②固：鄙陋，简陋。这里指没有达到礼的要求。

子曰：『君子坦荡荡①，小人长戚戚②。』

【注释】

①坦：平坦宽广。②长：常。戚戚：忧愁的样子，局促不安。

泰伯第八

子曰：『泰伯①，其可谓至德也已矣。三以天下让，民无得而称焉。』

【注释】

①泰伯：周朝始祖古公亶父的长子，又名太伯。相传他深解其父想把君位通过三子季历传给姬昌(周文王)的意愿，

于是就与二弟仲雍一起出走到吴地，实现了其父的愿望。

子曰：『恭而无礼则劳①，慎而无礼则葸②，勇而无礼则乱，直而无礼则绞③。君子笃于亲④，则民兴于仁；故旧不遗，则民不偷⑤。』

【注释】

①劳：劳苦，劳倦。一说徒劳。②葸：畏惧。③绞：尖刻。④笃：忠厚，诚实。⑤偷：指人情淡薄。

曾子有疾，召门弟子曰：『启予足①！启予手！《诗》云：「战战兢兢，如临深渊，如履薄冰②。」而今而后，吾知免夫！小子！』

【注释】

①启：打开，一说『视』。②所引三句见《诗经·小雅·小旻》篇，意思是做人要小心谨慎，才能避免祸害。

曾子有疾，孟敬子问之①。曾子言曰：『鸟之将死，其鸣也哀；人之将死，其言也善。君子所贵乎道者三：动容貌，斯远暴慢矣②；正颜色，斯近信矣；出辞气，斯远鄙倍矣③。笾豆之事④，则有司存⑤。』

【注释】

①孟敬子：鲁国大夫孟孙捷。问：探望，看望。②暴慢：粗暴，无礼。远：远离，避免。③鄙：粗野。倍：同『背』，背理。④笾豆：古代的两种祭祀用的器具。笾：指竹器。豆：指木器。⑤有司：负责有关事务的官吏。

曾子曰：『以能问于不能，以多问于寡；有若无，实若虚；犯而不校——昔者吾友尝从事于斯矣①。』

【注释】

①校：计较，较量。吾友：我的朋友。有人认为指颜回。

曾子曰：“可以托六尺之孤①，可以寄百里之命②，临大节而不可夺也——君子人与③？君子人也。”

【注释】

①六尺之孤：指未成年而即位的幼年君主。托：托付。六尺：合现在四尺多一点，指孩童。孤：少而无父。②百里：国家面积方圆百里，指诸侯国，这里指代理国政。③不可夺：不可夺其志，不动摇屈服。

曾子曰：“士不可以不弘毅①，任重而道远。仁以为己任②，不亦重乎？死而后已，不亦远乎？”

【注释】

①弘：广大，指心胸宽广。毅：坚毅，刚强。②仁以为己任：以仁为己任。

子曰：“兴于诗①，立于礼，成于乐。”

【注释】

①兴：起，这里有“激发”“振奋”之意。

子曰：“好勇疾贫①，乱也。人而不仁，疾之已甚②，乱也。”

【注释】

①疾：痛恨。②已甚：太过分。

子曰：“三年学，不至于谷①，不易得也。”

【注释】

①至：同“志”，想到，想法。谷：小米，这里指俸禄，古代以谷米作官吏的俸禄。

子曰：“笃信好学，守死善道，危邦不入，乱邦不居。天下有道则见①，无道则隐。邦有道，贫且贱焉，耻也；

邦无道，富且贵焉，耻也。』

【注释】

①见：同『现』。

子曰：『师挚之始①，《关雎》之乱②，洋洋乎盈耳哉！』

【注释】

①师挚：鲁国的乐师，名挚。始：乐曲的开始，即序曲。②乱：乐曲的结尾。

子曰：『狂而不直，侗而不愿①，悾悾而不信②，吾不知之矣。』

【注释】

①侗：幼稚，无知。愿：谨慎，忠厚。②悾：同『空』，无知。一说诚恳的样子，这里指假装诚恳的样子。

子曰：『巍巍乎①！舜禹之有天下也而不与焉②。』

【注释】

①巍巍：高大的样子。②与：参与，这里指求取。

子曰：『大哉，尧之为君也！巍巍乎！唯天为大，唯尧则之①。荡荡乎②，民无能名焉③。巍巍乎其有成功也，焕乎有其文章④！』

【注释】

①则：效法，学习。②荡荡：广大的样子，这里指尧恩德广大。③名：称赞。④焕：光辉。

舜有臣五人而天下治①。武王曰：『予有乱臣十人②。』孔子曰：『才难③，不其然乎！唐、虞之际④，于斯为盛。

有妇人焉⑤，九人而已。三分天下有其二，以服事殷。周之德，其可谓至德也已矣。』

【注释】

①舜有臣五人：传说指禹、稷、契、皋陶、伯益等五人。②乱臣：能治国之臣。乱：同『治』。③才难：人才难得。④唐虞：指唐尧、虞舜。⑤妇人：指周武王的后妃邑姜。一说指周文王的后妃太姒。

子曰：『禹，吾无间然矣①。菲饮食而致孝乎鬼神②，恶衣服而致美乎黻冕③，卑宫室而尽力乎沟洫④。禹，吾无间然矣。』

【注释】

①间：空隙，指找毛病而批评。②菲：菲薄，不厚。③黻：祭祀时穿的礼服。冕：祭祀时戴的礼帽。④卑：低矮。沟洫：沟渠，指农田水利。

子罕第九

达巷党人曰①：『大哉孔子！博学而无所成名②。』子闻之，谓门弟子曰：『吾何执？执御乎③，执射乎④？吾执御矣。』

【注释】

①达巷党：巷党，即里巷。古代五百家为一党。达是巷党的名。②无所成名：指没有能够成就名声的一技之长。③执御：赶车。④执射：射箭。

子曰：『麻冕①，礼也；今也纯②，俭。吾从众。拜下③，礼也；今拜乎上④，泰也⑤。虽违众，吾从下。』

【注释】

①麻冕：麻布制的礼帽。②纯：黑丝绸。③拜下：臣见君的礼节，先在堂下拜，然后升堂再拜。④拜乎上：臣

见君时直接升堂而拜，省去了在堂下拜的礼节。⑤泰：骄傲，傲慢。

子绝四：毋意①，毋必②，毋固③，毋我④。

【注释】

①意：臆，猜想。②必：必定。指期望一定如何。③固：固执。④我：私己，即自私之心。

子畏于匡①，曰：『文王既没，文不在兹乎？天之将丧斯文也，后死者不得与于斯文也②；天之未丧斯文也，匡人其如予何③？』

【注释】

①畏：拘囚。匡：地名，今河南长垣县西南。子畏于匡的事见《史记·孔子世家》：孔子离开卫国到陈国去，经过匡地，匡地群众误把孔子当成曾经攻打掠夺过自己的阳虎，而把孔子拘囚五天。②后死者：死在周文王之后的人，孔子自称。③如予何：奈我何，把我怎么样。

太宰问于子贡曰①：『夫子圣者与？何其多能也？』子贡曰：『固天纵之将圣②，又能多也。』

子闻之，曰：『太宰知我乎？吾少也贱，故多能鄙事③。君子多乎哉？不多也。』

牢曰④：『子云：「吾不试⑤，故艺⑥」。』

【注释】

①太宰：官名，其人不详，辅佐君主治理国家。②纵：使，让。③鄙事：卑贱低下的事。④牢：子牢，孔子的学生。⑤试：用，指做官。⑥艺：多才多艺。

子曰：『吾有知乎哉？无知也。有鄙夫问于我①，空空如也②。我叩其两端而竭焉③。』

【注释】

①鄙夫：指乡下人。②空空如也：指孔子对乡下人提出的问题一无所知。一说指匹夫心中空空无知。③叩：叩问，仔细盘问。两端：两头。指事物的始终、本末、上下、精粗等正反两个方面。

子曰：『凤鸟不至①，河不出图②，吾已矣夫！』

【注释】

①凤鸟：凤凰，古代奉为神鸟，它的出现预示着天下太平。②河不出图：河，黄河。图：八卦图。传说上古伏羲时代，黄河中有龙马背着八卦图而出，预示着『圣王』将要出现。

子见齐衰者①、冕衣裳者与瞽者②，见之，虽少，必作③，过之必趋④。

【注释】

①齐衰：用熟麻布做的丧服。②冕衣裳：冕，古代天子、诸侯、大夫、卿所戴的贵重帽子。衣，上衣。裳，下衣。这里指穿着考究的贵族。瞽：无目，指盲人。③作：站起来。④趋：小步快走，是古代的一种礼节，表示敬意。

颜渊喟然叹曰：『仰之弥高①，钻之弥坚。瞻之在前，忽焉在后。夫子循循然善诱人②，博我以文，约我以礼。欲罢不能，既竭吾才，如有所立卓尔③。虽欲从之，末由也已④。』

【注释】

①弥：更加，越发。②循循然：有次序地。③卓：高大。尔：同『然』，形容词语尾。④末：无，没有。由：途径。

子疾病，子路使门人为臣①。病间②，曰：『久矣哉，由之行诈也。无臣而为有臣。吾谁欺③？欺天乎？且予与其死于臣之手也，无宁死于二三子之手乎？且予纵不得大葬④，予死于道路乎？』

【注释】①为臣：作为家臣组织治丧。古代大夫家才有家臣。②间：间隙，指病情减轻。③吾谁欺：吾欺谁。④大葬：指大夫的隆重葬礼。

子贡曰：『有美玉于斯，韫椟而藏诸①？求善贾而沽诸②？』子曰：『沽之哉！沽之哉！我待贾者也。』

【注释】①韫椟：韫，收藏。椟，柜子。收藏在柜子里。②贾：商人。沽：卖出。

子欲居九夷①。武曰：『陋，如之何②？』子曰：『君子居之，何陋之有？』

【注释】①九夷：指我国东方少数民族。②陋：荒凉落后，闭塞。

子曰：『吾自卫反鲁①，然后乐正②，《雅》《颂》各得其所③。』

【注释】①反：同返。孔子在鲁哀公十一年（公元前484年）从卫国回到鲁国。②乐正：审定整理音乐。③《雅》《颂》：是《诗经》中的两类诗，可以配乐吟唱，故《雅》《颂》又是《诗经》中两种音乐的分类。

子在川上曰：『逝者如斯夫①，不舍昼夜②。』

【注释】①斯：指河水。②舍：停止。

子曰：『譬如为山，未成一篑①，止，吾止也；譬如平地，虽覆一篑，进，吾往也。』

【注释】

①篑：土筐。

子曰：「法语之言①，能无从乎？改之为贵。巽与之言②，能无说乎？绎之为贵③。说而不绎，从而不改，吾末如之何也已矣。」

【注释】

①法：礼仪原则。②巽：委婉，谦虚，恭敬。③绎：抽取，分析鉴别，这里是从中体会出道理。

子曰：「衣敝缊袍①，与衣狐貉者立②，而不耻者，其由也与③？『不忮不求④，何用不臧⑤？』」子路终身诵之。子曰：「是道也，何足以臧？」

【注释】

①敝：破烂。缊：旧棉絮。②狐貉：用狐皮和貉皮做的皮袄。③由：仲由，即子路。④忮：嫉妒。求：贪求。⑤臧：善，好。这两句引自《诗经·邶风·雄雉》。

子曰：「岁寒，然后知松柏之后彫也①。」

【注释】

①彫：同「凋」，凋零。

子曰：「可与共学，未可与适道①；可与适道，未可与立②；可与立，未可与权③。」

【注释】

①适：往，到。②立：坚守不变。③权：本指秤锤，这里指以衡轻重，随机应变。

「唐棣之华①，偏其反而②。岂不尔思？室是远而。」子曰：「未之思也，夫何远之有？」

【注释】

①唐棣：树木名称。华：同「花」。②偏：同「翩」，随风摆动。反：违反常规，同「翻」。

先进第十一

子路、曾皙、冉有、公西华侍坐①。子曰：「以吾一日长乎尔，毋吾以也②。居则曰③：『不吾知也！』如或知尔，则何以哉④？」子路率尔而对曰⑤：「千乘之国，摄乎大国之间⑥，加之以师旅，因之以饥馑⑦，由也为之，比及三年⑧，可使有勇，且知方也⑨。」夫子哂之⑩。「求，尔何如？」对曰：「方六七十⑪，如五六十⑫，求也为之，比及三年，可使足民。如其礼乐，以俟君子⑬。」「赤！尔何如？」对曰：「非曰能之，愿学焉。宗庙之事⑭，如会同⑮，端章甫⑯，愿为小相焉⑰。」「点！尔何如？」鼓瑟希⑱，铿尔⑲，舍瑟而作⑳，对曰：「异乎三子者之撰㉑。」子曰：「何伤乎？亦各言其志也。」曰：「莫春者㉒，春服既成，冠者五六人，童子六七人，浴乎沂㉓，风乎舞雩㉔，泳而归。」夫子喟然叹曰：「吾与点也！」三子者出，曾皙后。曾皙曰：「夫三子者之言何如？」子曰：「亦各言其志也已矣。」曰：「夫子何哂由也？」曰：「为国以礼，其言不让，是故哂之。」「唯求则非邦也与㉕？」「安见方六七十如五六十而非邦也者？」「唯赤则非邦也与？」「宗庙会同，非诸侯而何？赤也为之小，孰能为之大？」

【注释】

①曾皙：曾参的父亲，名点，孔子的学生。②以：任用。③居：平时。④何以：怎么样。⑤率尔：轻率，匆忙。⑥摄：迫近。⑦因之：继之。⑧比：等到，及。⑨知方：指懂礼仪。⑩哂：讥讽的微笑。⑪方六七十：方圆六七十里的国家。⑫如：或者。⑬俟：等待。⑭宗庙之事：指祭祀。⑮会同：诸侯同盟。⑯端：礼服。章甫：礼帽。这里指穿着礼服戴

着礼帽。⑰相：担当司仪。⑱希：同『稀』。⑲铿：停止弹瑟时发出的声音。⑳作：站起来。㉑撰：所讲的，同『譔』。㉒莫：同『暮』。㉓沂：水名，山东曲阜市东南。㉔风：风凉。舞雩：鲁国祭天求雨的地方。㉕邦：国家。

颜渊第十二

颜渊问仁。子曰：『克己复礼为仁①。一日克己复礼，天下归仁焉②。为仁由己，而由人乎哉？』颜渊曰：『请问其目③。』子曰：『非礼勿视，非礼勿听，非礼勿言，非礼勿动。』颜渊曰：『回虽不敏，请事斯语矣④。』

【注释】

①克己：克制自己。②归仁：归于仁。③目：条目。④事：从事，实行。

仲弓问仁。子曰：『出门如见大宾，使民如承大祭。己所不欲，勿施于人。在邦无怨①，在家无怨②。』仲弓曰：『雍虽不敏，请事斯语矣。』

【注释】

①邦：诸侯统治的国家。②家：卿大夫管辖的封地。一说指家庭。

司马牛问仁①。子曰：『仁者，其言也讱②。』曰：『其言也讱，斯谓之仁已乎？』子曰：『为之难，言之得无讱乎？』

【注释】

①司马牛：姓司马，名耕，字子牛，孔子的学生。②讱：迟钝，话难出口。这里指说话谨慎。

子张问明。子曰：『浸润之谮①，肤受之愬②，不行焉，可谓明也已矣。浸润之谮，肤受之愬，不行焉，可谓远也已矣。』

【注释】

①谮：谗言。浸润：像水浸润东西一样。②肤：像皮肤感受到疼痛那样。愬：诬告。

子贡问政。子曰：「足食，足兵[①]，民信之矣。」子贡曰：「必不得已而去，于斯三者何先？」曰：「去兵。」

子贡曰：「必不得已而去，于斯二者何先？」曰：「去食。自古皆有死，民无信不立。」

【注释】

①兵：武器，这里指军备。

棘子成曰[①]：「君子质而已矣[②]，何以文为[③]？」子贡曰：「惜乎，夫子之说君子也[④]！驷不及舌[⑤]。文犹质也，质犹文也。虎豹之鞟犹犬羊之鞟[⑥]。」

【注释】

①棘子成：卫国大夫。②质：质地，指思想品质。③文：文采，指礼节仪式。④夫子：指棘子成，古代大夫的尊称。⑤鞟：去掉毛的兽皮，即革。

哀公问于有若曰[①]：「年饥，用不足，如之何？」有若对曰：「盍彻乎[②]？」曰：「二[③]，吾犹不足，如之何其彻也？」对曰：「百姓足，君孰与不足？百姓不足，君孰与足？」

【注释】

①哀公：鲁国国君。有若：孔子的学生。②盍：何不。彻：西周田税制度。十分抽一的交纳田税就叫彻。③二：抽取收成的十分之二交纳田税。

子张问崇德辨惑[①]。子曰：「主忠信，徙义[②]，崇德也。爱之欲其生，恶之欲其死。既欲其生，又欲其死，是惑也。「诚不以富，亦祇以异[③]。」」

【注释】

①崇德：提高道德。辨惑：辨别是非。②徙义：指改变原来的思想，向义靠拢。③祇：同『只』。这两句诗引自《诗经·小雅·我行其野》。其意思是说：你遗弃我另觅新欢，诚然不是嫌贫爱富，也是喜新厌旧。

齐景公问政于孔子[①]。孔子对曰：『君君，臣臣，父父，子子。』公曰：『善哉！信如君不君，臣不臣，父不父，子不子，虽有粟，吾得而食诸？』

【注释】

①齐景公：名杵臼。齐国的国君。

子曰：『片言可以折狱者[①]，其由也与？』子路无宿诺[②]。

【注释】

①片言：指诉讼双方中的一方言辞。片，偏。折狱：断案。②宿诺：拖延很久而未实现的诺言。宿，久。

子曰：『听讼[①]，吾犹人也，必也使无讼乎！』

【注释】

①听讼：指审理案件。讼，诉讼。

季康子问政于孔子。孔子对曰：『政者，正也。子帅以正[②]，孰敢不正？』

【注释】

①帅：率领，带头。

季康子问政于孔子曰：『如杀无道，以就有道，何如？』孔子对曰：『子为政，焉用杀？子欲善而民善矣。君子之德风，小人之德草，草上之风[1]，必偃[2]。』

【注释】

①上：一作『尚』，加的意思。②偃：倒。

子张问：『士何如斯可谓之达矣[1]？』子曰：『何哉？尔所谓达者？』子张对曰：『在邦必闻[2]，在家必闻。』子曰：『是闻也，非达也。夫达也者，质直而好义，察言而观色，虑以下人[3]。在邦必达，在家必达。夫闻也者，色取仁而行违，居之不疑。在邦必闻，在家必闻。』

【注释】

①达：通达，显达。这里指品质正直，有仁德，有智慧。②邦：国家。闻：有名望。③下人：甘居下人，指对人谦恭有礼。

樊迟从游于舞雩之下，曰：『敢问崇德、修慝、辨惑[1]。』子曰：『善哉问！先事后得，非崇德与？攻其恶，无攻人之恶，非修慝与！一朝之忿[2]，忘其身以及其亲，非惑与？』

【注释】

①修慝：改恶从善。修，治。慝，邪恶。辨惑：辨别是非。②忿：愤怒，气愤。

子路第十三

子路问政。子曰：『先之[1]，劳之。』请益[2]。曰：『无倦[3]。』

【注释】

①先之：先于老百姓，指带头。②益：增加。③倦：厌倦，懈怠。

仲弓为季氏宰，问政。子曰：『先有司[1]，赦小过，举贤才。』曰：『焉知贤才而举之？』子曰：『举而所知。尔所不知，人其舍诸？』

【注释】

①先有司：给工作人员带头。有司，指负责具体事务的官吏。

子路曰：『卫君待子而为政[1]，子将奚先？』子曰：『必也，正名乎[2]！』子路曰：『有是哉，子之迂也！奚其正？』子曰：『野哉，由也！君子于其所不知，盖阙如也[3]。名不正则言不顺，言不顺则事不成，事不成则礼乐不兴，礼乐不兴则刑罚不中[4]，刑罚不中则民无所措手足。故君子名之必可言也，言之必可行也。君子于其言，无所苟而已矣[5]。』

【注释】

①卫君：指卫出公蒯辄。卫灵公的孙子。卫灵公死，他继位，其父蒯聩与其争夺王位，使名分大乱，故孔子提出来要先正名。②正名：指纠正被破坏、颠倒或弃置不用的等级名分。名，等级名分。③阙：同缺，存疑的意思。④中：得当。⑤苟：随便，马虎。

樊迟请学稼[1]。子曰：『吾不如老农。』请学为圃[2]。曰：『吾不如老圃。』樊迟出。子曰：『小人哉，樊须也！上好礼，则民莫敢不敬；上好义，则民莫敢不服；上好信，则民莫敢不用情[3]。夫如是，则四方之民襁负其子而至矣[4]，焉用稼？』

【注释】

①稼：种庄稼。②圃：种蔬菜、花草的园地。③用情：表现出真情实意。④襁：背小孩的背带。

子曰：『诵《诗》三百，授之以政，不达[1]；使于四方，不能专对[2]；虽多，亦奚以为[3]？』

【注释】

①不达：指办不好事情。达，通达。②专对：独立对答。③以：用。

子曰：『鲁、卫之政，兄弟也①。』

【注释】

①鲁国是周公旦的封地，卫国是康叔的封地，周公旦与康叔是兄弟。而鲁、卫二国相处和睦，好像兄弟。

子谓卫公子荆①：『善居室②。始有，曰：「苟合矣③。」少有，曰：「苟完矣。」富有，曰：「苟美矣。」』

【注释】

①公子荆：字南楚，卫献公的儿子，卫国大夫。②善居室：善于居家理财，指不奢侈浪费，不贪得无厌。③苟：差不多。合：足。

子适卫①，冉有仆②。子曰：『庶矣哉③！』冉有曰：『既庶矣，又何加焉？』曰：『富之。』曰：『既富矣，又何加焉？』曰：『教之。』

【注释】

①适：到。②仆：驾驭车马，赶车。③庶：人口众多。

子曰：『苟有用我者，期月而已可也①，三年有成。』

【注释】

①期月：一周年。

子曰：『「善人为邦百年①，亦可以胜残去杀矣②。」诚哉是言也！』

【注释】

①为邦：治国。②胜残：以德教化残暴的人，使其不再作恶。去杀：免除杀戮。

子曰：『如有王者①，必世②而后仁。』

【注释】

①王者：帝王，这里指圣明君主。②世：古代以三十年为一世。

冉子退朝①。子曰：『何晏也②？』对曰：『有政。』子曰：『其事也。如有政，虽不吾以③，吾其与闻之。』

【注释】

①冉子：冉有。朝：季氏的办公处。②晏：迟，晚。③吾以：即以吾的倒装。以，用。

定公问：『一言可以兴邦，有诸？』孔子对曰：『言不可以若是其几也①。人之言曰：「为君难，为臣不易。」如知为君之难也，不几乎一言而兴邦乎？』曰：『一言而丧邦，有诸？』孔子对曰：『言不可以若是其几也。人之言曰：「予无乐乎为君，唯其言而莫予违也。」如其善而莫之违也，不亦善乎？如不善而莫之违也，不几乎一言而丧邦乎？』

【注释】

①几：期望，或接近。

叶公问政①。子曰：『近者说，远者来。』

【注释】

①叶公：姓沈，名诸梁，楚国的大夫。

子夏为莒父宰①，问政。子曰：『无欲速，无见小利。欲速则不达，见小利则大事不成。』

【注释】

①莒父：鲁国的一个城邑，在今山东莒县境内。宰：县长。

叶公语孔子曰：「吾党有直躬者①，其父攘羊②，而子证之③。」孔子曰：「吾党之直者异于是：父为子隐，子为父隐。直在其中矣④。」

【注释】

①党：指家乡。直躬者：正直的人。②攘：盗窃。③证：告发，检举。④直在其中：孔子主张父慈、子孝，所以父子相隐『直在其中』。

子贡问曰：「何如斯可谓之士矣？」子曰：「行己有耻，使于四方，不辱君命，可谓士矣。」曰：「敢问其次。」曰：「宗族称孝焉，乡党称弟焉①。」曰：「敢问其次。」曰：「言必信，行必果，硁硁然小人哉②！抑亦可以为次矣。」曰：「今之从政者何如？」子曰：「噫！斗筲之人③，何足算也。」

【注释】

①乡党：这里泛指乡里。②硁硁：浅薄固执。③斗筲之人：比喻器量狭小的人。斗筲，指容量小的竹器。

子曰：「不得中行而与之①，必也，狂狷乎②！狂者进取，狷者有所不为也。」

【注释】

①中行：言行符合中庸之道。与：交往。②狂：狂妄，志向高大而未能够实行。狷：狷介，洁身自好，不肯同流合污。这里是拘谨。

子曰：「南人有言曰：『人而无恒，不可以作巫医①。』善夫！」「不恒其德，或承之羞②。」子曰：「不占而已矣③。」

【注释】

①巫医：利用占卜给人治病的人。②不恒其德，或承之羞：这是《周易·恒卦》中的爻辞。意思是人如果不能保持自己的操守，便会招致羞辱。③占：占卦。

子曰：『君子和而不同①，小人同而不和②。』

【注释】

①和：调和，和谐。②同：盲目附和。

子曰：『君子易事而难说也①。说之不以道，不说也；及其使人也，器之②。小人难事而易说也。说之虽不以道，说也；及其使人也，求备焉③。』

【注释】

①易事：容易在一起工作。说：同『悦』。②器之：量才用人。③求备：求全责备。

子曰：『君子泰而不骄①，小人骄而不泰。』

【注释】

①泰：安宁，心情安定。骄：傲慢。

子曰：『刚、毅、木①、讷②，近仁。』

【注释】

①木：质朴。②讷：说话迟钝。

子路问曰：『何如斯可谓之士矣？』子曰：『切切偲偲①，怡怡如也②，可谓士矣。朋友切切偲偲，兄弟怡怡。』

【注释】

①切切偲偲：互相勉励、恳切批评。②怡怡：和顺，亲切。

子曰：『善人教民七年，亦可以即戎矣①。』

【注释】

①即戎：参军作战。

宪问第十四

宪问耻①。子曰：『邦有道，谷②；邦无道，谷，耻也。』『克、伐、怨、欲不行焉③，可以为仁矣？』子曰：『可以为难矣④，仁则吾不知也。』

【注释】

①宪：姓原，名宪，字子思，孔子的学生。②谷：指俸禄。③克：好胜。伐：自夸。欲：贪欲。④为难：难能可贵。

子曰：『士而怀居①，不足以为士矣。』

【注释】

①怀居：怀念、留恋家庭的安逸生活。

子曰：『邦有道，危言危行①；邦无道，危行言孙②。』

【注释】

①危：正直。②孙：同『逊』，谦逊。

南宫适问于孔子曰①：『羿善射②，奡荡舟③，俱不得其死然。禹、稷躬稼而有天下④？』夫子不答。南宫适出，子曰：

「君子哉若人[5]！尚德哉若人！」

【注释】

①南宫适：姓南宫，名适，字子容，孔子的学生。②羿：传说中的有穷国的君主，善射箭。③奡：传说是夏代大臣寒浞的儿子，善水战。④禹：传说中古代的圣君，很会治水。稷：传说是周朝国君的先祖，教民种植庄稼，被尊为谷神。⑤若人：这个人。

子曰：「为命[1]，裨谌草创之[2]，世叔讨论之[3]，行人子羽修饰之[4]，东里子产润色之[5]。」

【注释】

①命：指国家的政策法令。②裨谌：人名，郑国大夫。③世叔：字太叔，名游吉，郑国大夫。讨论：研究后提出意见。④行人：外交官。子羽：公孙挥，字子羽，郑国的大夫。⑤东里：地名，在今郑州市，郑国大夫子产居住的地方。

或问子产[1]。子曰：「惠人也。」问子西[2]。曰：「彼哉！彼哉[3]！」问管仲[4]。曰：「人也。夺伯氏骈邑三百[5]，饭疏食，没齿无怨言。」

【注释】

①子产：郑国大夫，曾主持郑国政治，使郑国富强。②子西：名申，字子西，楚国的执政大臣，政绩不大。③彼哉，彼哉：他呀！他呀！当时表示轻视的习惯语。④管仲：名夷吾，齐桓公的辅政大臣，曾辅佐桓公称霸诸侯。⑤伯氏：齐国大夫。骈邑：地名。

子曰：「孟公绰为赵、魏老则优[1]，不可以为滕、薛大夫[2]。」

【注释】

①孟公绰：鲁国的大夫。赵、魏：代指赵氏、魏氏，晋国最有权势的大夫。老：大夫的家臣。优：有余。②滕、薛：鲁国附近的小诸侯国。滕在今山东滕州市，薛在今山东枣庄市薛城区。

子路问成人①。子曰：『若臧武仲之知②，公绰之不欲③，卞庄子之勇④，冉求之艺⑤，文之以礼乐，亦可以为成人矣。』曰：『今之成人者何必然？见利思义，见危授命，久要不忘平生之言⑥，亦可以为成人矣。』

【注释】

①成人：完美无缺的人。②臧武仲：即鲁国大夫臧孙纥，以聪明著称。③公绰：即鲁国大夫孟公绰，以清心寡欲著称。④卞庄子：鲁国的大夫，以勇气著称。⑤冉求：孔子的学生，多才多艺。⑥要：同『约』，穷困。

子问公叔文子于公明贾曰①：『信乎？夫子不言②，不笑，不取乎？』公明贾对曰：『以告者过也③。夫子时然后言，人不厌其言；乐然后笑，人不厌其笑；义然后取，人不厌其取④。』子曰：『其然，岂其然乎？』

【注释】

①公叔文子：名拔，卫国大夫。卫献公之孙。公明贾：姓公明，名贾，公孙文子的使臣。②夫子：指公叔文子。③以告者：以，这。告者，告诉你的人。④取：取财。

子曰：『臧武仲以防求为后于鲁①，虽曰不要君②，吾不信也。』

【注释】

①防：地名，在今山东省。臧武仲的封地。②要君：要挟君主。

子曰：『晋文公谲而不正①，齐桓公正而不谲②。』

【注释】

①晋文公：姓姬，名重耳，晋国的国君，春秋五霸之一。谲：欺诈，玩弄权术。②齐桓公：姓姜，名小白，春秋五霸之一。

子路曰：『桓公杀公子纠[①]，召忽死之[②]，管仲不死[③]。』曰：『未仁乎？』子曰：『桓公九合诸侯[④]，不以兵车[⑤]，管仲之力也！如其仁！如其仁！』

【注释】

①齐桓公：他和公子纠是兄弟，因为争夺君位，他杀死了公子纠。②召忽：公子纠家臣，公子纠被杀，他也自杀。③管仲：公子纠家臣，公子纠被杀后，他归服桓公，被任命为执政大臣。④九合诸侯：指诸侯多次会盟。⑤兵车：战车，代指武力。

子贡曰：『管仲非仁者与？桓公杀公子纠，不能死，又相之[①]。』子曰：『管仲相桓公，霸诸侯，一匡天下，民到于今受其赐。微管仲[②]，吾其被发左衽矣[③]。岂若匹夫匹妇之为谅也[④]，自经于沟渎而莫之知也[⑤]？』

【注释】

①相：辅助。②微：没有。③被：同『披』。左衽：衣襟向左边开。被发左衽指当时少数民族装束。④谅：小节小信。⑤自经：自缢。沟渎：沟渠。

公叔文子之臣大夫僎与文子同升诸公[①]。子闻之，曰：『可以为「文」矣。』

【注释】

①僎：公叔文子家臣。升诸公：指僎与公叔子文一同做了卫国的大夫。

子言卫灵公之无道也[1]，康子曰[2]：『夫如是，奚而不丧？』孔子曰：『仲叔圉治宾客[3]，祝鮀治宗庙[4]，王孙贾治军旅[5]。夫如是，奚其丧？』

【注释】

①卫灵公：卫国国君。②康子：季康子，鲁国大夫。③仲叔圉：即孔文子，卫国大夫。④祝鮀：卫国大夫。⑤王孙贾：卫国大夫。

子曰：『其言之不怍[1]，则为之也难。』

【注释】

①怍：惭愧。

陈成子弑简公[1]。孔子沐浴而朝，告于哀公曰：『陈恒弑其君，请讨之。』公曰：『告夫三子[2]。』孔子曰：『以吾从大夫之后[3]，不敢不告也。君曰「告夫三子」者！』之三子告，不可。孔子曰：『以吾从大夫之后，不敢不告也。』

【注释】

①陈成子：即陈恒，又名田成子，齐国的大夫。简公：齐简公，名壬，齐国国君。②三子：鲁国最有权势的三家大夫季孙、孟孙、叔孙。③从大夫之后：是『曾做过大夫』的谦称。

蘧伯玉使人于孔子[1]，孔子与之坐而问焉。曰：『夫子何为？』对曰：『夫子欲寡其过而未能也。』使者出，子曰：『使乎！使乎！』

【注释】

①蘧伯玉：名瑗，卫国大夫。

子曰：『不逆诈①，不亿不信②，抑亦先觉者③，是贤乎？』

【注释】

①逆：事先怀疑。②亿：同『臆』，推测。③抑：然而。

微生亩谓孔子曰①：『丘何为是栖栖者与②？无乃为佞乎③？』孔子曰：『非敢为佞也，疾固也④。』

【注释】

①微生亩：鲁国人，姓微生，名亩。②栖栖：不安定的样子。③佞：花言巧语。④固：固执，借指固执的人（隐指微生亩）。

或曰：『以德报怨，何如？』子曰：『何以报德？以直报怨①，以德报德。』

【注释】

①以直抱怨：指心里不隐藏怨恨，即心里有怨气就以怨报怨，怨气消掉了就不要再报怨。

子曰：『莫我知也夫！』子贡曰：『何为其莫知子也？』子曰：『不怨天，不尤人，下学而上达①，知我者，其天乎！』

【注释】

①下学：学人事。上达：达天命。

公伯寮愬子路于季孙①。子服景伯以告②，曰：『夫子固有惑志于公伯寮③，吾力犹能肆诸市朝④。』子曰：『道之将行也与，命也；道之将废也与，命也。公伯寮其如命何！』

【注释】

①公伯寮：字子周，孔子的学生。愬：同『诉』，毁谤。季孙：鲁国的大夫。②子服景伯：名何，鲁国的大夫。

③夫子：指季孙。④肆：陈死尸。市朝：街市。

子曰：『贤者辟世①，其次辟地，其次辟色，其次辟言。』子曰：『作者七人矣②。』

【注释】

①辟：避，逃避。②作者：为之者。七人：指伯夷、叔齐、虞仲、夷逸、朱张、柳下惠、少年等七人。一说指长沮、桀溺、丈人、石门、荷蒉、仪封人、楚狂接舆等七人。

子路宿于石门①。晨门曰②：『奚自？』子路曰：『自孔氏。』曰：『是知其不可而为之者与？』

【注释】

①石门：鲁国都城的外门。②晨门：早晨看城门的人。

子击磬于卫①，有荷蒉而过孔氏之门者②，曰：『有心哉，击磬乎！』既而曰：『鄙哉，硁硁乎③！莫己知也，斯己而已矣④。深则厉，浅则揭⑤。』子曰：『果哉！末之难矣⑥。』

【注释】

①磬：一种打击乐器，用玉或石制成。②荷：担负。蒉：盛土的草筐。③硁硁：击磬发出的声音。④斯己：就为自己。⑤深则厉，浅则揭：水深就把衣裳脱下，水浅就把衣裳提起，这是指人做事应审时度势因地制宜。厉：裸，脱衣渡水。揭：提起衣裳渡水。⑥末：无。

子张曰：『《书》云：「高宗谅阴①，三年不言。」何谓也？』子曰：『何必高宗？古之人皆然。君薨②，百官总己以听于冢宰三年③。』

【注释】

①高宗：殷王武丁，古人称他是商朝中兴的贤王。谅阴：居丧时所住的房子，又叫凶庐，这里指守孝。②薨：古代诸侯国王死称薨。③冢宰：官名。在先秦是辅佐天子之官。后世因以冢宰为宰相之称。

子路问君子，子曰：『修己以敬。』曰：『如斯而已乎？』曰：『修己以安人①。』曰：『如斯而已乎？』曰：『修己以安百姓。修己以安百姓，尧舜其犹病诸②！』

【注释】

①人：指亲族和朋友。②尧、舜：传说是古代的明君。病：这里有『难』的意思。

原壤夷俟①。子曰：『幼而不孙弟②，长而无述焉③，老而不死，是为贼④。』以杖叩其胫。

【注释】

①原壤：孔子的朋友。夷俟：夷，两腿叉开而坐。②孙弟：同『逊悌』，孝悌。③无述：没有建立什么功德被人称述。④贼：害人的人。

阙党童子将命①。或问之曰：『益者与？』子曰：『吾见其居于位也②，见其与先生并行也③。非求益者也，欲速成者也。』

【注释】

①阙党：地名，在今山东曲阜市内，孔子的故乡。②居于位：坐在主人的位上。③并行：并排行走，当时礼节规定，年轻人与长辈在一起走路，应该与长辈并行而稍后。

季氏第十六

孔子曰：『益者三友，损者三友。友直，友谅[①]，友多闻，益矣。友便辟[②]，友善柔，友便佞[③]，损矣。』

【注释】

①谅：诚信，诚实。②便辟：逢迎谄媚。③便佞：花言巧语，阿谀逢迎。

阳货第十七

阳货欲见孔子[①]，孔子不见，归孔子豚[②]。

孔子时其亡也[③]，而往拜之。遇诸涂[④]。

谓孔子曰：『来！予与尔言。』曰：『怀其宝而迷其邦，可谓仁乎？』曰：『不可。』『好从事而亟失时[⑤]，可谓知乎[⑥]？』曰：『不可。』『日月逝矣，岁不我与。』

孔子曰：『诺，吾将仕矣。』

【注释】

①阳货：又叫阳虎，季氏家臣中最有权势的人物，当时把持着季氏的权柄和鲁国朝政。②归：同『馈』，赠送。豚：小猪。这里指蒸熟了的小猪，事见《孟子·滕文公下》。③时：伺、窥探。亡：不在。按当时礼俗，大夫送东西给士人，如未能在家当面接受，士应去大夫家登门拜谢。孔子不愿见阳货，所以趁他不在家时去拜谢。④涂：同『途』。⑤亟：屡次。⑥知：同『智』。

子之武城[①]，闻弦歌之声。夫子莞尔而笑，曰：『割鸡焉用牛刀[②]？』

子游对曰[③]：『昔者偃也闻诸夫子曰：「君子学道则爱人，小人学道则易使也」。』

子曰："二三子！偃之言是也。前言戏之耳。"

【注释】

①武城：鲁国的一座小城。②"割鸡"句：比喻治理像武城这样的小地方，用不着礼乐教化。③子游：孔子的学生，姓言名偃，字子游，此时任武城长官。

公山弗扰以费畔[①]，召，子欲往。

子路不说[②]，曰："末之也已，何必公山氏之人也？"

子曰："夫召我者，而岂徒哉？如有用我者，吾其为东周乎[③]！"

【注释】

①公山弗扰：一名公山不狃，字子泄，季氏家臣。畔：同"叛"，叛乱。②说：同"悦"。③为东周：建设一个东方的周王朝。意思是说，要在东方的鲁国复兴周代的礼乐制度。

佛肸召[①]，子欲往。

子路曰："昔者由也闻诸夫子曰：'亲于其身为不善者，君子不入也。'佛肸以中牟畔[②]，子之往也，如之何？"

子曰："然，有是言也。不曰坚乎，磨而不磷[③]？不曰白乎，涅而不缁[④]？吾岂匏瓜也哉[⑤]？焉能系而不食？"

【注释】

①佛肸：晋国大夫范氏家臣，中牟城的长官。公元前490年，赵简子攻打范氏，围中牟，佛肸依据中牟来抗拒赵简子。他召孔子就在此时。②中牟：春秋时晋国地名，约在今河北邢台和邯郸之间。③磷：薄，损伤。④涅：一种矿石，可作黑色染料。这里作动词，染的意思。缁：黑。⑤匏瓜：葫芦的一种，味苦不能吃。

子曰：『由也，女闻六言六蔽矣乎①？』对曰：『未也。』

『居！吾语女。好仁不好学，其蔽也愚；好知不好学，其蔽也荡②；好信不好学，其蔽也贼③；好直不好学，其蔽也绞④；好勇不好学，其蔽也乱；好刚不好学，其蔽也狂。』

【注释】

①六言：即六字，指的是六种品德，就是文中说的仁、知、信、直、勇、刚。②荡：放荡不羁。③贼：害。④绞：指说话尖刻。

子曰：『小子，何莫学夫诗①？诗，可以兴，可以观，可以群，可以怨。迩之事父②，远之事君；多识于鸟兽草木之名。』

【注释】

①小子：指弟子们。②迩：近。

子谓伯鱼曰：『女为《周南》《召南》矣乎①？人之不为《周南》《召南》，其犹正墙面而立也与②。』

【注释】

①《周南》《召南》：《诗经·国风》十五个部分中的开头两部分，儒家认为其诗是合乎礼义的。②正墙面而立：正面朝向墙壁站立。指什么也看不见，无法向前行走。

子曰：『礼云礼云，玉帛云乎哉①？乐云乐云，钟鼓云乎哉？』

【注释】

①玉帛：指举行礼仪时使用的玉器、丝织品等礼器。

子曰：『乡原①，德之贼也②。』

【注释】

①乡原：原，同『愿』，忠厚。乡里人都认为他忠厚，这里指的是好好先生。②德之贼：德的败坏者。

子曰：『鄙夫可与事君也与哉①？其未得之也，患得之②。既得之，患失之。苟患失之，无所不至矣。』

【注释】

①鄙夫：指品德恶劣卑鄙的人。②患得之：当作『患不得之』。『不』字可能是古人抄写时被脱掉。

子曰：『古者民有三疾，今也或是之亡也。古之狂也肆，今之狂也荡；古之矜也廉①，今之矜也忿戾②；古之愚也直，今之愚也诈而已矣。』

【注释】

①廉：本义指器物的棱角，这里比喻人的行为方正有威，不可触犯。②忿戾：凶恶蛮横。

子曰：『恶紫之夺朱也①，恶郑声之乱雅乐也②，恶利口之覆邦家者。』

【注释】

①紫之夺朱：朱，大红色，古代称之为正色。但春秋时鲁桓公、齐桓公等喜欢穿紫色衣服，使紫渐渐代替了红，成为诸侯衣服的正色。②郑声：郑国的民间地方音乐。雅乐：用于郊庙朝会的正统音乐。孔子在《卫灵公》篇中曾有『郑声淫』之语。

子曰：『予欲无言①。』子贡曰：『子如不言，则小子何述焉？』子曰：『天何言哉？四时行焉，百物生焉，天何言哉？』

【注释】

①言：此处指的是言教。孔子主张身教重于言教，启发学生在实践中学习、思考。

孺悲欲见孔子①，孔子辞以疾。将命者出户②，取瑟而歌，使之闻之。

【注释】

①孺悲：鲁国人。鲁哀公曾派他向孔子学习士丧礼。②将命者：传达的人。

宰我问：『三年之丧，期已久矣。君子三年不为礼，礼必坏；三年不为乐，乐必崩。旧谷既没，新谷既升①，钻燧改火②，期可已矣③。』

子曰：『食夫稻，衣夫锦，于女安乎？』曰：『安。』

『女安，则为之！夫君子之居丧，食旨不甘④，闻乐不乐，居处不安⑤，故不为也。今女安，则为之！』

宰我出。子曰：『予之不仁也⑥！子生三年，然后免于父母之怀。夫三年之丧，天下之通丧也，予也有三年之爱于其父母乎！』

【注释】

①升：登，这里指新谷上场。②钻燧改火：燧，即燧石、火石，古代取火的器具。古代用的是钻木取火的方法，被钻的木头，四季不同，春天用榆柳木，夏用枣杏木，秋用柞楢木，冬用槐檀木。③期：同『朞』，一年。④旨：味美，这里指美的食物。⑤居处：古代守丧要住在临时搭成的草房或草棚里，睡在用草编成的垫子上，用土块做枕头。这里的『居处』是指平时住的房子。⑥予：宰我名予字子我。这个『予』和末句的『予』都指『宰予』。

子曰：『饱食终日，无所用心，难矣哉！不有博弈者乎①？为之，犹贤乎已②。』

【注释】

①博弈：博，古代的一种赌输赢的游戏，与棋相仿，要先掷采而后行棋。弈，即围棋。博弈，这里泛指下棋。②贤：

胜过。已：止，什么也不干。

子贡曰：『君子亦有恶乎[①]？』子曰：『有恶：恶称人之恶者，恶居下流而讪上者[②]，恶勇而无礼者，恶果敢而窒者[③]。』

曰：『赐也亦有恶乎[④]？』『恶徼以为知者[⑤]，恶不孙以为勇者，恶讦以为直者[⑥]。』

【注释】

①恶：憎恶，憎恨。②本句的『流』字是衍文，晚唐以前的《论语》本子中都没有。③窒：阻塞，不通。这里引喻为顽固不化的人。④赐：子贡姓端木，名赐。⑤徼：抄袭。⑥讦：攻击或揭发别人的短处。

子曰：『唯女子与小人为难养也，近之则不孙[①]，远之则怨。』

【注释】

①孙：同『逊』。

子曰：『年四十而见恶焉[①]，其终也已[②]。』

【注释】

①见恶：被人厌恶。见，被。②终：终生，一辈子。

《孟子》

梁惠王上

梁惠王曰：『寡人之于国也，尽心焉耳矣。河内凶[①]，则移其民于河东[②]，移其粟于河内。河东凶亦然。察邻国之政，无如寡人之用心者。邻国之民不加少[③]，寡人之民不加多，何也？』

孟子对曰：『王好战，请以战喻。填然鼓之[④]，兵刃既接，弃甲曳兵而走[⑤]，或百步而后止，或五十步而后止。

以五十步笑百步，则何如？』

曰：『不可。直[6]不百步耳，是亦走也。』

曰：『王如知此，则无望民之多于邻国也。不违农时，谷不可胜食也；数罟不入洿池[7]，鱼鳖不可胜食也；斧斤以时入山林，材木不可胜用也。谷与鱼鳖不可胜食，材木不可胜用，是使民养生、丧死无憾也。养生、丧死无憾，王道[8]之始也。五亩之宅，树之以桑，五十者可以衣帛矣；鸡豚狗彘之畜，无失其时，七十者可以食肉矣；百亩之田，勿夺其时，数口之家可以无饥矣；谨庠序[9]之教，申之以孝悌之义，颁白者不负戴于道路矣[10]。七十者衣帛食肉，黎民不饥不寒，然而不王者，未之有也。狗彘食人食而不知检，涂有饿莩而不知发[11]，人死，则曰：「非我也，岁也。」是何异于刺人而杀之，曰：「非我也，兵也。」王无罪岁，斯天下之民至焉。』

【注释】

①凶：指农业歉收之年。②河内、河东：均为魏国的土地，以黄河为界而言方向。③加少：『减少』的意思。④填：敲鼓的声音。⑤走：此指逃跑。⑥直：『但』『只不过』的意思。⑦数罟：细密的渔网。洿：水塘。⑧王道：君主以仁义治天下的政策。⑨庠序：古代的学校。⑩颁白：头发花白，指老年人。负戴：肩背、头顶，此泛指繁重的体力劳动。⑪发：发仓廪以赈灾。

梁惠王下

庄暴[1]见孟子，曰：『暴见于王[2]，王语暴以好乐[3]，暴未有以对也。』曰：『好乐何如？』

孟子曰：『王之好乐甚，则齐国其庶几[4]乎！』

他日见于王，曰：『王尝语庄子以好乐，有诸？』

王变乎色，曰：『寡人非能好先王之乐也，直好世俗之乐耳。』

曰：『王之好乐甚，则齐其庶几乎！今之乐犹古之乐也。』

曰：『可得闻与？』

曰：『独乐乐，与人乐乐，孰乐？』

曰：『不若与人。』

曰：『与少乐乐，与众乐乐，孰乐？』

曰：『不若与众。』

『臣请与王言乐。今王鼓乐于此，百姓闻王钟鼓之声、管籥⑤之音，举疾首蹙頞⑥而相告曰：「吾王之好乐鼓，夫何使我至于此极⑦也？父子不相见，兄弟妻子离散！」今王田猎于此，百姓闻王车马之音，见羽旄之美，举疾首蹙頞而相告曰：「吾王之好田猎，夫何使我至于此极也？父子不相见，兄弟妻子离散！」此无他，不与民同乐也。今王鼓乐于此，百姓闻王钟鼓之声、管籥之音，举欣欣然有喜色而相告曰：「吾王庶几无疾病与，何以能鼓乐也？」今王田猎于此，百姓闻王车马之音，见羽旄之美，举欣欣然有喜色而相告曰：「吾王庶几无疾病与，何以能田猎也？」此无他，与民同乐也。今王与百姓同乐，则王矣。』

【注释】

①庄暴：齐国大臣。②王：此指齐宣王。③乐：音乐。④庶几：差不多，言近于治。⑤管、籥：均为吹奏乐器。⑥举：都。蹙頞：皱着眉头。⑦极：穷苦。

齐宣王问曰：『文王之囿⑧方七十里，有诸？』

孟子对曰：『于传⑨有之。』

曰：『若是其大乎？』

曰：『民犹以为小也。』

曰：『寡人之囿方四十里，民犹以为大，何也？』

曰：『文王之囿方七十里，刍荛者⑩往焉，雉兔者⑪往焉，与民同之。民以为小，不亦宜乎？臣始至于境，问国之大禁，然后敢入。臣闻郊关⑫之内有囿方四十里，杀其麋鹿者如杀人之罪，则是方四十里为阱⑬于国中。民以为大，不亦宜乎？』

齐宣王问曰：『交邻国有道乎？』

孟子对曰：『有。惟仁者为能以大事小，是故汤事葛⑭，文王事昆夷⑮。惟智者为能以小事大，故大王⑯事獯鬻⑰，勾践事吴。以大事小者，乐天者也；以小事大者，畏天者也。乐天者保天下，畏天者保其国。《诗》云⑱：「畏天之威，于时保之。」』

王曰：『大哉言矣！寡人有疾，寡人好勇。』

对曰：『王请无好小勇。夫抚剑疾视曰：「彼恶敢当我哉！」此匹夫之勇，敌一人者也。王请大之！《诗》云⑲：「王赫斯怒，爰整其旅。以遏徂莒，以笃周祜⑳，以对于天下。」此文王之勇也。文王一怒而安天下之民。《书》曰㉑：「天降下民，作之君，作之师，惟曰其助上帝宠之，四方有罪无罪惟我在，天下曷敢有越厥志？」一人衡行㉒于天下，武王耻之。此武王之勇也。而武王亦一怒而安天下之民。今王亦一怒而安天下之民，民惟恐王之不好勇。』

【注释】

⑧囿：养动物的园子。⑨传：此谓『古书』。⑩刍荛者：打柴割草的人。刍，草。荛，柴。⑪雉兔者：打猎的

人。⑫郊关：郊，国外百里为郊。关，古时边境出入的地方设置的守卫处所。⑬阱：捕野兽的陷坑，此言陷民于死地。⑭葛：古国名，嬴姓。⑮昆夷：周朝时西戎国名。⑯大王：指周文王祖父周太王。⑰獯鬻：古时少数民族名。⑱《诗》云：此处引《诗经·周颂·我将》诗句。⑲《诗》云：此处引《诗经·大雅·皇矣》诗句。⑳祜：福。㉑《书》曰：此处引《尚书·泰誓》篇。㉒衡行：横行。

齐宣王见孟子于雪宫㉓，王曰：『贤者亦有此乐乎？』

孟子对曰：『有。人不得，则非其上矣。不得而非其上者，非也；为民上而不与民同乐者，亦非也。乐民之乐者，民亦乐其乐；忧民之忧者，民亦忧其忧。乐以天下，忧以天下，然而不王者，未之有也。昔者齐景公㉔问于晏子㉕曰：「吾欲观于转附、朝儛㉖，遵海而南，放于琅邪㉗。吾何修而可以比于先王观也？」晏子对曰：「善哉问也！天子适诸侯曰巡狩。巡狩者，巡所守也。诸侯朝于天子曰述职。述职者，述所职也。无非事者。春省耕而补不足，秋省敛㉘而助不给。夏谚曰：「吾王不游，吾何以休？吾王不豫㉙，吾何以助？一游一豫，为诸侯度。」今也不然，师行而粮食，饥者弗食，劳者弗息。睊睊胥谗㉚，民乃作慝㉛。方命㉜虐民，饮食若流。流连荒亡，为诸侯忧。从流下而忘反谓之流，从流上而忘反谓之连，从兽无厌谓之荒，乐酒无厌谓之亡。先王无流连之乐，荒亡之行，惟君所行也。」景公悦，大戒㉝于国，出舍于郊，于是始兴发补不足。召太师㉞曰：「为我作君臣相说㉟之乐！」盖《徵招》《角招》㊱是也。其诗曰：「畜君何尤㊲？」畜君者，好君也。』

【注释】

㉓雪宫：齐宣王的离宫。㉔齐景公：春秋时齐国国君，名杵臼。公元前547年—前490年在位。㉕晏子：晏婴，齐国大臣。㉖转附、朝儛：均为山名。㉗琅邪：齐国东南境内邑名。㉘敛：收获。㉙豫：出游。㉚睊睊胥谗：睊睊，

侧目。胥，相。诡：毁谤。形容侧目相视，毁谤批评。㉛慝：怨恶。㉜方命：方，逆，违反。命，天命。㉝戒：告示。㉞太师：乐官。㉟说：悦。㊱《徵招》《角招》：乐有五声，三曰角，四曰徵。招，通『韶』，舜乐。㊲畜君何尤：畜，取悦。尤，过错。意谓『取悦君有何过错』？

齐宣王问曰：『人皆谓我毁明堂㊳，毁诸？已乎？』

孟子对曰：『夫明堂者，王者之堂也。王欲行王政，则勿毁之矣。』

王曰：『王政可得闻与？』

对曰：『昔者文王之治岐㊴也，耕者九一㊵，仕者世禄，关市讥而不征㊶，泽梁㊷不禁，罪人不孥㊸。老而无妻曰鳏，老而无夫曰寡，老而无子曰独，幼而无父曰孤。此四者，天下之穷民而无告者。文王发政施仁，必先斯四者。《诗》㊹云：「哿㊺矣富人，哀此茕㊻独。」』

王曰：『善哉言乎！』

曰：『王如善之，则何为不行？』

王曰：『寡人有疾，寡人好货。』

对曰：『昔者公刘㊼好货，《诗》云㊽：「乃积乃仓，乃裹糇粮㊾，于橐于囊㊿，思戢用光(51)。弓矢斯张(52)，干戈戚扬(53)，爰方启行(54)。」故居者有积仓，行者有裹粮也，然后可以爰方启行。王如好货，与百姓同之，于王何有(55)？』

王曰：『寡人有疾，寡人好色。』

对曰：『昔者大王好色，爱厥妃。《诗》(56)云：「古公亶父(57)，来朝走马，率西水浒(58)，至于岐下(59)，爰及姜女(60)，聿来胥宇(61)。」当是时也，内无怨女，外无旷夫。王如好色，与百姓同之，于王何有？』

【注释】

㊳明堂：古代帝王宣明政教的地方。此处指泰山明堂，周天子东巡狩接受诸侯朝拜之处。因周天子不再巡狩，诸侯又不能使用，有人提议拆毁。㊴岐：古邑名。周族古公亶父因受戎狄威逼，自幽迁于岐山下周原。㊵九一：井田制，国家将每平方里土地按『井』字形划作九区，分配农民耕种；中一区为公田，余八区为私田，分授八家；公田由八家助耕，全部收获交公。㊶讥、征：讥，稽查。征，征税。㊷泽梁：在沼泽河流中拦水捕鱼的用具。㊸孥：妻子儿女。㊹《诗》云：此处引《诗经·小雅·正月》篇诗句。㊺哿：嘉、乐。㊻茕：孤独无依。㊼公刘：古代周族领袖。传为后稷曾孙。夏代末年率领周族迁到豳。㊽《诗》云：此处引《诗经·大雅·公刘》诗句。㊾餱粮：干粮。㊿橐、囊：盛放物品的器具，囊大橐小。51思戢用光：思，发语词，无意。戢，和、安。光，光大、兴旺。52斯：语助词。张，备好。53干：盾。戚，斧。扬，又名钺，大斧。54爰：于是。方，开始。55何有：意为何难之有。56《诗》云：此处引《诗经·大雅·绵》诗句。57古公亶父：即周太王。58率西水浒：率，循、沿着。西，岐山在豳西。水浒，水边，即谓水旁边。59岐下：岐山之下。岐山在今陕西省岐山县东北。60姜女：姜姓女子，古公亶父之妻，亦称太姜。61聿来胥宇：聿，发语词。胥，省视、视察。宇，屋宇。

孟子谓齐宣王曰：『王之臣有托其妻子于其友而之楚游者，比[62]其反也，则冻馁其妻子，则如之何？』

王曰：『弃之。』

曰：『士师[63]不能治士，则如之何？』

王曰：『已之。』

曰：『四境之内不治，则如之何？』

王顾左右而言他。

孟子见齐宣王，曰：『所谓故国者，非谓有乔木之谓也，有世臣之谓也。王无亲臣矣，昔者所进，今日不知其亡[64]也。』

王曰：『吾何以识其不才而舍之？』

曰：『国君进贤，如不得已，将使卑逾尊，疏逾戚，可不慎与？左右皆曰贤，未可也；诸大夫皆曰贤，未可也；国人皆曰贤，然后察之；见贤焉，然后用之。左右皆曰不可，勿听；诸大夫皆曰不可，勿听；国人皆曰不可，然后察之；见不可焉，然后去之。左右皆曰可杀，勿听；诸大夫皆曰可杀，勿听；国人皆曰可杀，然后察之；见可杀焉，然后杀之。故曰，国人杀之也。如此，然后可以为民父母。』

【注释】

⑥②比：及也，至也。⑥③士师：古代的司法官。⑥④亡：指去位、离去。

齐宣王问曰：『汤放桀，武王伐纣，有诸？』

孟子对曰：『于传[65]有之。』

曰：『臣弑[66]其君，可乎？』

曰：『贼「仁」者，谓之「贼」；贼「义」者，谓之「残」；残贼之人，谓之一夫[67]。闻诛一夫纣矣，未闻弑君也。』

孟子见齐宣王，曰：『为巨室[68]，则必使工师求大木。工师得大木，则王喜，以为能胜其任也。匠人斫[69]而小之，则王怒，以为不胜其任矣。夫人幼而学之，壮而欲行之，王曰：「姑舍女所学而从我。」则何如？今有璞玉[70]于此，虽万镒[71]，必使玉人雕琢之。至于治国家，则曰：「姑舍女所学而从我。」则何以异于教玉人雕琢玉哉？』

【注释】

⑥⑤传：传记。⑥⑥弑：以下犯上，如子弑父，臣弑君。⑥⑦一夫：即独夫，失去了百姓大众，成为孤独者的意思。

(68)室：《吕氏春秋·骄恣篇》：『齐宣王为大室，大益百亩，堂上三百户。以齐之大，具之三年而未能成。』孟子的话，是用事实来做比喻。(69)斫：砍削。(70)璞玉：玉在石中者。(71)镒：重量单位，20两为一镒。

齐人伐燕，胜之。宣王问曰：『或谓寡人勿取，或谓寡人取之。以万乘之国伐万乘之国，五旬而举之，人力不至于此。不取，必有天殃。取之，何如？』

孟子对曰：『取之而燕民悦，则取之。古之人有行之者，武王是也。取之而燕民不悦，则勿取。古之人有行之者，文王是也。以万乘之国伐万乘之国，箪食壶浆[72]以迎王师，岂有他哉？避水火也。如水益深，如火益热，亦运[73]而已矣。』

齐人伐燕，取之。诸侯将谋救燕。宣王曰：『诸侯多谋伐寡人者，何以待之？』

孟子对曰：『臣闻七十里为政于天下者，汤是也。未闻以千里畏人者也。《书》曰：「汤一征，自葛始[74]。」天下信之，东面而征，西夷怨；南面而征，北狄怨，曰：「奚为后我？」民望之，若大旱之望云霓也。归市者不止，耕者不变，诛其君而吊[75]其民，若时雨降，民大悦。《书》曰：「徯我后[76]，后来其苏[77]。」今燕虐其民，王往而征之，民以为将拯己于水火之中也，箪食壶浆以迎王师。若杀其父兄，系累[78]其子弟，毁其宗庙，迁其重器[79]，如之何其可也？天下固畏齐之强也，今又倍地而不行仁政，是动天下之兵也。王速出令，反其旄倪[80]，止其重器，谋于燕众，置君而后去之，则犹可及止也。』

【注释】

(72)箪食壶浆：箪：盛饭的竹筐。食：饭。浆：用米熬成的酸汁，用以代酒。(73)运：转。民心转移的意思。(74)汤一征，自葛始：为《尚书》逸文。(75)吊：安抚，慰问。(76)徯我后：徯，等待。后：君王。(77)苏：更生、复活。(78)系累：束缚、捆绑。(79)重器：国家的宝器，有权力象征的意义。(80)旄倪：旄，同耄，八九十岁的老人。倪，小孩子。

邹与鲁哄[81]，穆公[82]问曰：『吾有司[83]死者三十三人，而民莫之死[84]也。诛之，则不可胜诛；不诛，则疾视其长上之死而不救，如之何则可也？』

孟子对曰：『凶年饥岁，君之民老弱转[85]乎沟壑，壮者散而之四方者，几[86]千人矣；而君之仓廪实，府库充，有司莫以告，是上慢而残下也。曾子[87]曰：「戒之戒之！出乎尔者，反乎尔者也。」夫民今而后得反之也。君无尤[88]焉！君行仁政，斯民亲其上，死其长矣。』

滕文公问曰：『滕[89]，小国也，间于齐、楚。事齐乎？事楚乎？』

孟子对曰：『是谋非吾所能及也。无已，则有一焉：凿斯池也，筑斯城也，与民守之，效[90]死而民弗去，则是可为也。』

滕文公问曰：『齐人将筑薛[91]，吾甚恐，如之何则可？』

孟子对曰：『昔者大王居邠[92]，狄人侵之，去之岐山之下居焉。非择而取之，不得已也。苟为善，后世子孙必有王者矣。君子创业垂统，为可继也。若夫[93]成功，则天也。君如彼何哉？强[94]为善而已矣。』

滕文公问曰：『滕，小国也，竭力以事大国，则不得免焉。如之何则可？』

孟子对曰：『昔者大王居邠，狄人侵之。事之以皮币[95]，不得免焉；事之以犬马，不得免焉；事之以珠玉，不得免焉。乃属[96]其耆老[97]而告之曰：「狄人之所欲者，吾土地也。吾闻之也：君子不以其所以养人者害人。二三子何患乎无君？我将去之。」去邠，逾梁山[98]，邑于岐山之下居焉。邠人曰：「仁人也，不可失也。」如之者如归市。

「或曰：「世守也，非身[99]之所能为也，效死勿去。」

「君请择于斯二者。」』

【注释】

[81]哄：交战。[82]穆公：指邹穆公。[83]有司：有关的官吏。[84]莫之死：即『莫死之』的倒装，意为『没有人为他

们而牺牲』。[85]转：『弃尸』的意思。[86]几：几乎。[87]曾子：孔子弟子曾参。[88]尤：责备、归罪。[89]滕：周朝的一个弱小诸侯国，始祖为周文王之子错叔绣，故城在今山东滕县西南。[90]效：献、致。[91]薛：周朝初年的一个小国，近滕，齐取其地而城之。[92]邠：在今陕西旬县西。[93]若夫：表示转折的连词，相当『至于』。[94]强：勉强、尽量。[95]皮币：指裘皮和缯帛。[96]属：召集、集合之意。[97]耆老：此指有威望的老年人。古时有『六十曰耆，七十曰老』的说法。

[98]梁山：在今陕西乾县西北五里。[99]身：本人之意。

鲁平公将出，嬖人[100]臧仓者请曰：『他日君出，则必命有司所之。今乘舆已驾矣，有司未知所之，敢[101]请。』

公曰：『将见孟子。』

曰：『何哉，君所为轻身以先于匹夫者？以为贤乎？礼义由贤者出，而孟子之后丧逾前丧[102]。君无见焉！』

公曰：『诺。』

乐正子入见，曰：『君奚为不见孟轲也？』

曰：『或告寡人曰：「孟子之后丧逾前丧。」是以不往见也。』

曰：『何哉，君所谓逾者？前以士，后以大夫[103]；前以三鼎，而后以五鼎[104]与？』

曰：『否。谓棺椁衣衾[105]之美也。』

曰：『非所逾也，贫富不同也。』

乐正子见孟子，曰：『克[106]告于君，君为来见也。嬖人有臧仓者沮君，君是以不果来也。』

曰：『行，或使之；止，或尼[107]之。行止，非人所能也。吾之不遇鲁侯，天也。臧氏之子焉能使予不遇哉？』

【注释】

[100]嬖人：嬖幸之人，受君王宠幸的人，指妻妾，也指小臣，此为后者。[101]敢：表敬副词。[102]后丧逾前丧：后丧指母丧，前丧指父丧。[103]前以士，后以大夫：以士之礼办父亲的丧葬，以大夫之礼办理母亲的丧葬。[104]前以三鼎，而后以五鼎：鼎是一种古代的器皿，大小不一，用途也有所不同。此三鼎、五鼎仍是士之礼和大夫之礼的区别。[105]棺椁衣衾：均为丧葬用品。椁，外椁。衣衾，装殓的衣被。[106]克：乐正子名克。[107]尼：阻止。

公孙丑上

公孙丑①问曰：『夫子当路②于齐，管仲、晏子③之功，可复许④乎？』

孟子曰：『子诚齐人也，知管仲、晏子而已矣。或问乎曾西⑤曰：「吾子⑥与子路⑦孰贤？」曾西蹵⑧然曰：「吾先子⑨之所畏也。」曰：「然则吾子与管仲孰贤？」曾西艴然⑩不悦，曰：「尔何曾比予于管仲？管仲得君如彼其专也，行乎国政如彼其久也，功烈如彼其卑也。尔何曾比予于是？」』曰⑪：『管仲，曾西之所不为也，而子为⑫我愿之乎？』

曰：『管仲以其君霸，晏子以其君显。管仲、晏子犹不足为与？』

曰：『以齐王，由⑬反手也。』

曰：『若是，则弟子之惑滋甚。且以文王之德，百年而后崩⑭，犹未洽于天下；武王、周公⑮继之，然后大行。今言王若易然，则文王不足法与？』

曰：『文王何可当⑯也？由汤至于武丁，贤圣之君六七作，天下归殷久矣，久则难变也。武丁朝诸侯，有天下，犹运之掌也。纣之去武丁未久也，其故家遗俗，流风善政，犹有存者；又有微子、微仲、王子比干、箕子、胶鬲⑰——皆贤人也——相与⑱辅相之，故久而后失之也。尺地，莫非其有也；一民，莫非其臣也。然而文王犹方百里起，是以难也。齐人有言曰：「虽有智慧，不如乘势；虽有镃基⑲，不如待时。」今时则易然也：夏后、殷、周之盛，地未有过千里者也，而齐有其地矣；鸡鸣狗吠相闻，而达乎四境，而齐有其民矣。地不改辟矣，民不改聚矣，行仁政而王，莫之能御也。且王者之不作，未有疏于此时者也；民之憔悴于虐政，未有甚于此时者也。饥者易为食，渴者易为饮。孔子曰：「德之流行，速于置邮而传命⑳。」当今之时，万乘之国行仁政，民之悦之，犹解倒悬也。故事半古之人，功必倍之，惟此时为然。」

【注释】

①公孙丑：孟子弟子，齐国人。②当路：当政、当权。③管仲、晏子：管仲，齐桓公之相；晏子，齐景公之相。《史记》有《管晏列传》。④许：兴。⑤曾西：曾参之子，名申，字子西。⑥吾子：亲密的对称敬辞。⑦子路：孔子弟子，即仲由。⑧蹵然：不安的样子。⑨先子：古人用以称呼已去世的长辈。此指曾西的父亲曾参。⑩艴然：恼怒的样子。⑪曰：仍是孟子所说，表示孟子说话时有停顿。⑫为：同谓。⑬由：同犹。⑭百年而后崩：古代传说『文王九十七乃崩』。⑮周公：姬旦，文王之子，武王之弟，辅助武王伐纣，统一天下；又辅助成王定乱，安定天下。⑯当：对等、相称。⑰微子、微仲、王子比干、箕子、胶鬲：微子，名启，纣的庶兄。微仲，微子之弟，名衍。王子比干，纣的叔父，被纣所杀。箕子，也是纣的叔父，被纣所囚禁。胶鬲，纣的大臣。⑱相与：共同。⑲镃基：锄头。⑳置邮而传命：置、邮，相当于后代的驿站传递。命，国家政令。

公孙丑问曰：『夫子加㉑齐之卿相，得行道焉，虽由此霸王，不异㉒矣。如此，则动心否乎？』

孟子曰：『否。我四十不动心。』

曰：『若是，则夫子过孟贲㉓远矣。』

曰：『是不难。告子[24]先我不动心。』

曰：『不动心有道乎？』

曰：『有。北宫黝[25]之养勇也：不肤桡[26]，不目逃，思以一豪挫于人，若挞之于市朝[27]；不受于褐宽博[28]，亦不受于万乘之君；视刺万乘之君，若刺褐夫；无严[29]诸侯，恶声至，必反之。孟施舍[30]之所养勇也，曰：「视不胜犹胜也。量敌而后进，虑胜而后会[31]，是畏三军者也。舍岂能为必胜哉？能无惧而已矣。」孟施舍似曾子，北宫黝似子夏[32]。夫二子之勇，未知其孰贤，然而孟施舍守约也。昔者曾子谓子襄[33]曰：「子好勇乎？吾尝闻大勇于夫子[34]矣：自反而不缩[35]，虽褐宽博，吾不惴[36]焉；自反而缩，虽千万人，吾往矣。」孟施舍之守气，又不如曾子之守约也。』

曰：『敢问夫子之不动心与告子之不动心，可得闻与？』

『告子曰：「不得与言[37]，勿求于心[38]；不得于心，勿求于气[39]。」不得于心，勿求于气，可；不得于言，勿求于心，不可。夫志，气之帅也；气，体之充也。夫志至焉，气次焉；故曰：「持[40]其志，无暴[41]其气。」』

『既曰「志至焉，气次焉」，又曰「持其志，无暴其气」者，何也？』

曰：『志壹[42]则动气，气壹则动志也。今夫蹶者、趋者，是气也，而反动其心。』

『敢问夫子恶乎长？』

曰：『我知言，我善养吾浩然[43]之气。』

『敢问何为浩然之气？』

曰：『难言也。其为气也，至大至刚，以直养而无害，则塞于天地之间。其为气也，配义与道；无是，馁也。是集义[44]所生者，非义袭而取之也。行有不慊于心，则馁矣。我故曰，告子未尝知义，以其外之也。必有事焉，而勿正[45]，心勿忘，勿助长也。无若宋人然：宋人有闵[46]其苗之不长而揠之者，芒芒然[47]归，谓其人[48]曰：「今日病[49]矣！予助苗长矣！」其子趋而往视之，苗则槁矣。天下之不助苗长者寡矣。以为无益而舍之者，不耘苗者也；助之长者，揠苗者也——非徒无益，而又害之。』

『何谓知言？』

曰：『诐辞[50]知其所蔽，淫辞知其所陷，邪辞知其所离[51]，遁辞知其所穷[52]——生于其心，害于其政；发于其政，害于其事。圣人复起，必从吾言矣。』

『宰我[53]、子贡[54]善为说辞，冉牛[55]、闵子[56]、颜渊[57]善言德行。孔子兼之，曰：「我于辞命，则不能也。」然则夫子既圣矣乎？』

曰：『恶[58]！是何言也？昔者子贡问于孔子曰：「夫子圣矣乎？」孔子曰：「圣则吾不能，我学不厌而教不倦也。」子贡曰：「学不厌，智也；教不倦，仁也。仁且智，夫子既圣矣。」夫圣，孔子不居，是何言也？』

『昔者窃[59]闻之：子夏、子游[60]、子张[61]皆有圣人之一体，冉牛、闵子、颜渊则具体而微，敢问所安。』

曰：『姑舍是[62]。』

曰：『伯夷[63]、伊尹[64]何如？』

曰：『不同道。非其君不事，非其民不使；治则进，乱则退，伯夷也。何事非君，何使非民；治亦进，乱亦进，伊尹也。可以仕则仕，可以止则止[65]，可以久则久，可以速则速，孔子也。皆古圣人也，吾未能有行焉；乃所愿，则学孔子也。』

『伯夷、伊尹于孔子，若是班[66]乎？』

曰：『否。自有生民以来，未有孔子也。』

曰：『然则有同与？』

曰：『有。得百里之地而君之，皆能以朝诸侯，有天下。行一不义，杀一不辜，而得天下，皆不为也。是则同。』

曰：『敢问其所以异？』

曰：『宰我、子贡、有若[67]智足以知圣人，污不至阿其所好。宰我曰：「以予观于夫子，贤于尧、舜远矣。」

子贡曰：「见其[68]礼而知其政，闻其乐而知其德。由百世之后，等[69]百世之王，莫之能违也。自生民以来，未有夫子也。」

有若曰：「岂惟民哉？麒麟之于走兽，凤凰之于飞鸟，太山之于丘垤[70]，河海之于行潦[71]，类也。圣人之于民，亦类也。出于其类，拔乎其萃，自生民以来，未有盛于孔子也。」』

【注释】

㉑加：居。㉒异：奇异。㉓孟贲：古代勇士。㉔告子：事迹不可详考，曾与孟子辩论。㉕北宫黝：其人已不可考。㉖桡：却，退。㉗市朝：此指集市。㉘褐宽博：古代所谓贱者之服。㉙严：畏惧。㉚孟施舍：孟施为复姓，其人已不可考。㉛会：会合交锋。㉜子夏：孔子弟子子商。㉝子襄：曾子的弟子。㉞夫子：指孔子。㉟缩：此为『曲直』之『直』。㊱惴：惊惧。㊲不得与言：意为人家能服我口却未能服我心。㊳勿求于心：不要在思想上找原因。㊴气：意气。㊵持：守。㊶暴：乱。㊷壹：专一。㊸浩然：盛大、流行。㊹集义：正义的积累。下句『义袭』是指偶然的正义行为。㊺正：定，此指一定的目的。㊻闵：忧，担心。㊼芒芒然：疲惫的样子。㊽其人：家人。㊾病：疲倦。㊿诐辞：偏颇言辞。(51)离：离于正则为邪，故称『邪辞知其所离』。(52)穷：理有所穷而后辞遁。(53)宰我：孔子的学生宰予。(54)子贡：孔子的学生端木赐。(55)冉牛：孔子的学生冉耕，字伯牛。(56)闵子：孔子的学生闵损，字子骞。(57)颜渊：孔子的学生颜回，

字子渊。(58)恶：叹词，表示惊讶。(59)窃：表示自谦。(60)子游：孔子的学生言偃。(61)子张：孔子的学生颛孙师。(62)姑舍是：此句可理解为『暂且不谈这个』。(63)伯夷：商朝孤竹君的长子，与其弟叔齐互相让位，终于逃去。周武王灭商后，两人不食周粟，饿死于首阳山。(64)伊尹：商汤的大臣。(65)止：此与『仕』相对。(66)班：同等。(67)有若：孔子的学生，鲁人。(68)其：指孔子。(69)等：比较。(70)丘垤：小土堆。(71)行潦：浅水洼。

孟子曰：『以力假仁者霸，霸必有大国；以德行仁者王，王不待大——汤以七十里，文王以百里。以力服人者，非心服也，力不赡[72]也；以德服人者，中心悦而诚服也，如七十子[73]之服孔子也。《诗》云[74]：「自西自东，自南自北，无思[75]不服。」此之谓也。』

孟子曰：『仁则荣，不仁则辱；今恶辱而居不仁，是犹恶湿而居下也。如恶之，莫如贵德而尊士，贤者在位，能者在识；国家闲暇[76]，及是时，明其政刑。虽大国，必畏之矣。《诗》云[77]：「迨天之未阴雨，彻彼桑土，绸缪[78]牖户。今此下民[79]，或敢侮予？」孔子曰：「为此诗者，其知道乎！能治其国家，谁敢侮之？」今国家闲暇，及是时，般乐怠敖[80]，是自求祸也。祸福无不自己求之者。《诗》云[81]：「永言配命[82]，自求多福。」《太甲》[83]曰：「天作孽，犹可违；自作孽，不可活。」此之谓也。』

孟子曰：『尊贤使能，俊杰在位，则天下之士皆悦，而愿立于其朝矣；市，廛而不征，法而不廛[84]，则天下之商皆悦，而愿藏于其市矣；关，讥而不征[85]，则天下之旅[86]皆悦，而愿出其路矣；耕者，助而不税[87]，则天下之农皆悦，而愿耕于其野矣；廛[88]，无夫里之布[89]，则天下之民皆悦，而愿为之氓[90]矣。信能行此五者，则邻国之民仰之若父母矣。率其子弟，攻其父母，自生民以来未有能济者也。如此，则无敌于天下。无敌于天下者，天吏[91]也。然而不王者，未之有也。』

孟子曰：『人皆有不忍人[92]之心。先王有不忍人之心，斯有不忍人之政矣。以不忍人之心，行不忍人之政，治天下可运之掌上。所以谓人皆有不忍人之心者，今人乍见孺子将入于井，皆有怵惕恻隐之心——非所以内变[93]于孺子之父母也，非所以要[94]誉于乡党朋友也，非恶其声而然也。由是观之，无恻隐之心，非人也；无羞恶之心，非人也；无辞让之心，非人也；无是非之心，非人也；恻隐之心，仁之端也；羞恶之心，义之端也；辞让之心，礼之端也；是非之心，智之端也。人之有是四端也，犹其有四体也。有是四端而自谓不能者，自贼者也；谓其君不能者，贼其君者也。凡有四端于我[95]者，知皆扩而充之矣，若火之始然[96]，泉之始达。苟能充之，足以保[97]四海；苟不充之，不足以事父母。』

孟子曰：『矢人岂不仁于函人[98]哉？矢人唯恐不伤人，函人唯恐伤人。巫[99]、匠[100]亦然。故术不可不慎也。孔子曰：「里[101]仁为美。择不处仁，焉得智？」夫仁，天之尊爵也，人之安宅也。莫之御而不仁，是不智也。不仁、不智，无礼、无义，人役也。人役而耻为役，由[102]弓人而耻为弓，矢人而耻为矢也。如耻之，莫如为仁。仁者如射，射者正己而后发；发而不中，不怨胜己者，反求诸己而已矣。』

孟子曰：『子路，人告之以有过，则喜。禹闻善言，则拜。大舜有[103]大焉，善与人同，舍己从人，乐取于人以为善。自耕稼、陶、渔[104]以至为帝，无非取于人者。取诸人以为善，是与人为善也。故君子莫大乎与人为善。』

孟子曰：『伯夷，非其君不事，非其友不友。不立于恶人之朝，不与恶人言。立于恶人之朝，与恶人言，如以朝衣朝冠坐于涂炭。推恶恶之心，思与乡人立，其冠不正，望望然[105]去之，若将浼焉[106]。是故诸侯虽有善其辞命而至者，不受也。不受也者，是亦不屑就已。柳下惠[107]不羞污君，不卑小官；进不隐贤[108]，必以其道；遗佚[109]而不怨，阨穷而不悯[110]。故曰：「尔为尔，我为我，虽袒裼裸裎[111]于我侧，尔焉能浼我焉？」故由由然[112]与之偕而不自失焉，援而止之而止。援而止之而止者，是亦不屑去已。』孟子曰：『伯夷隘，柳下惠不恭。隘与不恭，君子不由[113]也。』

【注释】

(72)赡：足。(73)七十子：孔子弟子三千，身通六艺者，七十有二人，通称为『七十子』。(74)《诗》云：此处引《诗经·大雅·文王有声》诗句。(75)思：语助词，无意。(76)国家闲暇：指国家无内乱外忧。(77)《诗》云：此处引《诗经·豳风·鸱鸮》诗句。(78)绸缪：补葺。(79)下民：民，人。诗句以鸱鸮口吻，其巢在上，故称人为『下民』。(80)般乐怠敖：般乐，音乐。怠，惰怠。敖，遨、出游。(81)《诗》云：此处引《诗经·大雅·文王》诗句。(82)永言配命：永，长。配命，言我周朝之命与天命相配。(83)《太甲》：指《尚书·太甲》篇。(84)廛而不征，法而不廛：市场中的商舍不征税，货物按规定的方法出售不征税。前一个『廛』字指商舍，后一个『廛』字指一种税的名称。(85)讥：讥斥，此处是『稽查』的意思。(86)旅：行旅。(87)助而不税：在公田上劳动以代替交税。(88)廛：此处指民居。(89)夫里之布：赋税。(90)氓：由其他地方前来归附之民。(91)天吏：奉行天命，谓之天吏。(92)不忍人：怜恤、恻隐的意思。(93)内交：结交。(94)要：求。(95)我：此处作『己』字用。(96)然：同燃。(97)保：与『保民而王』的『保』字同义。(98)函人：制造盔甲、铠甲的人。(99)巫：巫医。(100)匠：木工。(101)里：居住。(102)由：同犹。(103)有：同又。(104)耕稼、陶、渔：据《史记·五帝本纪》，舜曾耕于历山，渔于雷泽，陶于河滨。(105)望望然：『去之而不顾』的样子。(106)浼：污。(107)柳下惠：春秋时鲁国人，名展禽。(108)进不隐贤：『见贤人而不隐蔽』之意。(109)遗佚：不被任用。(110)悯：忧。(111)袒裼裸裎：裸露身体。(112)由由然：高兴。(112)由：行。

公孙丑下

孟子曰：『天时不如地利，地利不如人和。三里之城，七里之郭，环而攻之而不胜。夫环而攻之，必有得天时者矣；然而不胜者，是天时不如地利也。城非不高也，池非不深也，兵革非不坚利也，米粟非不多也；委[1]而去之，是地利不如人和也。故曰：域[2]民不以封疆之界，固国不以山溪之险，威天下不以兵革之利。得道[3]者多助，失道者寡助。

寡助之至，亲戚畔④之；多助之至，天下顺之。以天下之所顺，攻亲戚之所畔。故君子有不战，战必胜矣。』

孟子将朝王，王使人来曰：『寡人如⑤就见者也，有寒疾，不可以风。朝⑥，将视朝，不识可使寡人得见乎？』

对曰：『不幸而有疾，不能造朝。』

明日，出吊于东郭氏⑦。公孙丑曰：『昔者辞以病，今日吊，或者⑧不可乎？』

曰：『昔者疾，今日愈，如之何不吊？』

王使人问疾，医来。

孟仲子⑨对曰：『昔者有王命，有采薪之忧⑩，不能造朝。今病小愈，趋造于朝，我不识能至否乎？』

使数人要⑪于路，曰：『请必无归，而造于朝！』

不得已而之景丑氏⑫宿焉。

景子曰：『内则父子，外则君臣，人之大伦也。父子主恩，君臣主敬。丑见王之敬子也，未见所以敬王也。』

曰：『恶！是何言也！齐人无以仁义与王言者，岂以仁义为不美也？其心曰「是何足与言仁义也」云尔，则不敬莫大乎是。我非尧舜之道，不敢以陈于王前，故齐人莫如我敬王也。』

景子曰：『否，非此之谓也。《礼》曰：「父召无诺⑬，君命召，不俟驾。」固将朝也，闻王命而遂不果，宜与夫《礼》若不相似然。』

曰：『岂谓是与？曾子曰：「晋、楚之富，不可及也。彼以其富，我以吾仁；彼以其爵，我以吾义。吾何慊⑭乎哉？」夫岂不义而曾子言之？是或一道也。天下有达尊三：爵一，齿一，德一。朝廷莫如爵，乡党莫如齿，辅世长民莫如德。恶得有其一以慢其二哉？故将大有为之君，必有所不召之臣，欲有谋焉，则就之。其尊德乐道，不如是，不足与有为也。

故汤之于伊尹，学焉而后臣之，故不劳而王；桓公之于管仲，学焉而后臣之，故不劳而霸。今天下地丑⑮德齐，莫能相尚，无他，好臣其所教，而不好臣其所受教。汤之于伊尹，桓公之于管仲，则不敢召。管仲且犹不可召，而况不为管仲者乎？』

【注释】

①委：放弃。②域：界限。③道：此指正义、真理。④畔：同『叛』。⑤如：宜，当。⑥朝：早晨。⑦东郭氏：齐国大夫。⑧或者：表示能问副词。⑨孟仲子：孟子的叔伯兄弟，从学于孟子。⑩采薪之忧：生病的代词。当时交际上的习惯语。⑪要：阻拦。⑫景丑氏：其人不可考。⑬父召无诺：《礼记·曲礼》说：『父召无诺，先生召无诺，唯而起。』其注说：『应辞唯于诺。』意为，父亲召唤，应答时应比『诺』更恭敬。⑭慊：少。⑮丑：方言，『同』的意思。

陈臻⑯问曰：『前日于齐，王馈兼金⑰一百⑱而不受；于宋，馈七十镒而受；于薛⑲，馈五十镒而受。前日之不受是，则今日之受非也；今日之受是，则前日之不受非也。夫子必居一于此矣。』

孟子曰：『皆是也。当在宋也，予将有远行，行者必以赆⑳，辞曰：「馈赆。」予何为不受？当在薛地，予有戒心㉑，辞曰：「闻戒，故为兵馈之。」予何为不受？若于齐，则未有处㉒也。无处而馈之，是货㉓之也。焉有君子而可以货取乎？』

孟子之平陆㉔，谓其大夫㉕曰：『子之持戟之士㉖，一日而三失伍㉗，则去之㉘否乎？』

曰：『不待三。』

『然则子之失伍也亦多矣。凶年饥岁，子之民老羸转于沟壑，壮者散而之四方者，几千人矣。』

曰：『此非距心之所得为也。』

曰：『今有受人之牛羊而为之牧之者，则必为之求牧㉙与刍矣。求牧与刍而不得，则反诸其人乎？抑亦立而视其死与？』

曰：『此则距心之罪也。』

他日，见于王曰：『王之为都㉚者，臣知五人焉。知其罪者，惟孔距心。』为王诵㉛之。

王曰：『此则寡人之罪也。』

孟子谓蚳鼃㉜曰：『子之辞灵丘㉝而请士师㉞，似也，为其可以言也。今既数月矣，未可以言与？』

蚳鼃谏于王而不用，致为臣而去㉟。

齐人曰：『所以为蚳鼃则善矣；所以自为，则吾不知也。』

公都子㊱以告。

曰：『吾闻之也：有官守者，不得其职则去；有言责者，不得其言则去。我无官守，我无言责也，则吾进退，岂不绰绰然有余裕哉？』

【注释】

⑯陈臻：孟子的弟子。⑰兼金：上等的好金，其价倍于常者，故称『兼金』。古时所谓『金』不是黄金，一般指铜。⑱一百：一百镒，二十两为一镒。⑲薛：此时薛已亡于齐，为齐国的一个封邑。⑳赆：路费。㉑戒心：据赵岐注，时有恶人欲害孟子，孟子戒备。㉒未有处：没有理由接受礼物。㉓货：『贿赂』之意。㉔平陆：齐国边境邑名。㉕大夫：战国时邑宰也称大夫。㉖持戟之士：守卫的士兵。㉗失伍：失其行伍，即脱离职守。㉘去之：罢去，开除。㉙牧：牧地。㉚都：都邑。㉛诵：背诵复述。㉜蚳鼃：齐国大夫。㉝灵丘：齐国边境邑名。㉞士师：狱官。㉟谏于王而不用，致为

臣而去。赵岐注：『三谏而不用，致仕而去。』[36]公都子：孟子弟子。

孟子为卿于齐，出吊于滕[37]，王使盖[38]大夫王驩[39]为辅行[40]。王驩朝暮见，反齐滕之路，未尝与之言行事也。

公孙丑曰：『齐卿之位，不为小矣；齐滕之路，不为近矣。反之而未尝与言行事，何也？』

曰：『夫既或治之，予何言哉？』

孟子自齐葬于鲁[41]，反于齐，止于嬴[42]。

充虞[43]请曰：『前日不知虞之不肖，使虞敦匠[44]事。严[45]，虞不敢请。今愿窃有请也：木若以[46]美然。』

曰：『古者棺椁无度，中古[47]棺七寸，椁称之。自天子达于庶人，非直为观美也，然后尽于人心。不得[48]，不可以为悦；无财，不可以为悦。得之为[49]有财，古之人皆用之，吾何为独不然？且比[50]化者[51]，无使土亲肤，于人心独无恔[52]乎？吾闻之：君子不以天下俭其亲。』

沈同[53]以其私问曰：『燕可伐与？』

孟子曰：『可。子哙[54]不得与人燕，子之[55]不得受燕与子哙。有仕[56]于此，而子悦之，不告于王而私与之吾子之禄爵；夫士也，亦无王命而私受之于子，则可乎？——何以异于是？』

齐人伐燕。

或问曰：『劝齐伐燕，有诸？』

曰：『未也。沈同问：「燕可伐与？」吾应之曰：「可。」彼然而伐之也。彼如曰：「孰可以伐之？」则将应之曰：「为天吏，则可以伐之。」今有杀人者，或问之曰：「人可杀与？」则将应之曰：「可。」彼如曰：「孰可以杀之？」则将应之曰：「为士师，则可以杀之。」今以燕伐燕，何为劝之哉？』

燕人畔㊼。王曰：『吾甚惭于孟子。』

陈贾㊽曰：『王无患焉。王自以为与周公孰仁且智？』

王曰：『恶！是何言也？』

曰：『周公使管叔监殷，管叔以殷畔㊾。知而使之，是不仁也；不知而使之，是不智也。仁智，周公未之尽也，而况于王乎？贾请见而解之。』

见孟子，问曰：『周公何人也？』

曰：『古圣人也。』

曰：『使管叔监殷，管叔以殷畔也，有诸？』

曰：『然。』

曰：『周公知其将畔而使之与？』

曰：『不知也。』

『然则圣人且有过与？』

曰：『周公，弟也；管叔，兄也。周公之过，不亦宜乎？且古之君子，过则改之；今之君子，过则顺之。古之君子，其过也，如日月之食㊿，民皆见之；及其更也，民皆仰之。今之君子，岂徒顺之，又从为之辞。』

【注释】

㊲出吊于滕：到滕国去吊丧。㊳盖：齐国邑名。㊴王驩：盖地方长官。㊵辅行：副使。㊶自齐葬于鲁：孟子在齐国做官，母丧，归葬于鲁。㊷嬴：地名，故城在今山东莱芜西北。㊸充虞：孟子弟子。㊹匠：指木工。㊺严：指时

间很紧。㊻以：太。㊼中古：一说为西周之前，一说为西周之后。㊽不得：不合法制的规定。㊾为：与。㊿比：为。㊿化者：死去的人。㊾恔：快慰。㊿沈同：齐国大臣。㊿子哙：燕王。㊿子之：燕相国。㊿仕：通「士」。㊿燕人畔：齐破燕，燕王哙死，子之亡。赵国从韩国召回燕公子职，立为燕王，即燕昭王。燕昭王在其他诸侯国的支持下反抗齐国。㊿陈贾：齐国大夫。㊿管叔以殷畔：事见《史记·管蔡世家》。㊿食：通「蚀」。

孟子致为臣而归[61]。王就见孟子，曰：「前日愿见而不可得，得侍同朝，甚喜。今又弃寡人而归，不识可以继此而得见乎？」

对曰：「不敢请耳，固所愿也。」

他日，王谓时子[62]曰：「我欲中国[63]而授孟子室，养弟子以万钟[64]，使诸大夫国人皆有所矜式[65]。子盍为我言之？」

时子因陈子而以告孟子。陈子以时子之言告孟子。

孟子曰：「然。夫时子恶知其不可也？如使予欲富，辞十万[66]而受万，是为欲富乎？季孙[67]曰：『异哉子叔疑[68]！使己为政，不用，则亦已矣，又使其弟子为卿。人亦孰不欲富贵？而独于富贵之中有私龙断[69]焉。』古之为市也，以其所有易其所无者，有司者治之耳。有贱丈夫[70]焉，必求龙断而登之，以左右望，而罔市利。人皆以为贱，故从而征之。征商自此贱丈夫始矣。」

孟子去齐，宿于昼[71]。有欲为王留行者，坐而言。不应，隐几而卧。

客不悦曰：「弟子齐宿[72]而后敢言，夫子卧而不听，请勿复敢见矣。」

曰：「坐！我明语子。昔者鲁缪公[73]无人乎子思之侧，则不能安子思；泄柳，申详[74]无人乎缪公之侧，则不能安其身。子为长者[75]虑，而不及子思。子绝长者乎？长者绝子乎？」

孟子去齐，尹士[76]语人曰：『不识王之不可以为汤武，则是不明也；识其不可，然且至，则是干泽[77]也。千里而见王，不遇故去，三宿而后出昼，是何濡滞也？士则兹不悦？』

高子[78]以告。

曰：『夫尹士恶知预哉？千里而见王，是予所欲也。不遇故去，岂予所欲哉？予不得已也。予三宿而出昼，于予心犹以为速，王庶几改之！王如改诸，则必反予。夫出昼，而王不予追也，予然后浩然有归志。予虽然，岂舍王哉？王由[79]足用[80]为善。王如用予，则岂徒齐民安？天下之民举安。王庶几改之！予日望之！予岂若是小丈夫然哉——谏于其君而不受，则怒，悻悻然见[81]于其面，去则穷日之力而后宿哉？』

尹士闻之，曰：『士诚小人也。』

孟子去齐，充虞路问曰：『夫子若有不豫色然。前日虞闻诸夫子曰：「君子不怨天，不尤人。」』

曰：『彼一时，此一时也。五百年必有王者兴，其间必有名世者[82]。由周而来，七百有余岁矣[83]。以其数，则过矣；以其时考之，则可矣。夫天未欲平治天下也；如欲平治天下，当今之世，舍我其谁也？吾何为不豫哉？』

孟子去齐，居休[84]。公孙丑问曰：『仕而不受禄，古之道乎？』

曰：『非也。于崇[85]，吾得见王，退而有去志，不欲变，故不受也。继而有师命[86]，不可以请。久于齐，非我志也。』

【注释】

[61]致为臣而归：辞去臣的职务返回家乡。[62]时子：齐国大臣。[63]中国：国之中。[64]钟：一钟等于六石四斗。[65]矜式：尊敬、效法。[66]十万：言其多，不必作确数看。[67]季孙：其人已不可考。[68]子叔疑：其人已不可考。[69]龙断：即『垄断』。[70]丈夫：成年男子的通称。[71]昼：齐国邑名，在今山东淄博市。[72]齐宿：齐，斋。斋宿，斋宿一天，以示恭敬。

⑬鲁缪公：即鲁穆公。⑭泄柳、申详：两人都是鲁穆公时的贤人。⑮长者：孟子自称。⑯尹士：齐国人。⑰干泽：干，求。泽：禄。⑱高子：孟子弟子。⑲由：同「犹」。⑳足用：足以。㉑见：同「现」。㉒名世者：指辅佐王者之才。㉓七百有余岁矣：此时距周武王时已有七百余年。㉔休：地名，距孟子家约百里。㉕崇：地名，今不可考。㉖师命：师旅之命。

滕文公上

有为神农之言[1]者许行，自楚之滕，踵门而告文公曰：「远方之人闻君行仁政，愿受一廛而为氓[2]。」

文公与之处。

其徒数十人，皆衣褐，捆[3]屦、织席以为食。

陈良[4]之徒陈相与其弟辛负耒耜而自宋之滕，曰：「闻君行圣人之政，是亦圣人也。愿为圣人氓。」

陈相见许行而大悦，尽弃其学而学焉。

陈相见孟子，道许行之言曰：「滕君则诚贤君也；虽然，未闻道也。贤者与民并耕而食，饔飧[5]而治。今也滕有仓廪府库，则是厉[6]民而以自养也，恶得贤？」

孟子曰：「许子必种粟而后食乎？」

曰：「然。」

「许子必织布而后衣乎？」

曰：「否。许子衣褐。」

「许子冠乎？」

曰：「冠。」

曰：「奚冠？」

曰：「冠素。」

曰：「自织之与？」

曰：「否。以粟易之。」

曰：「许子奚为不自织？」

曰：「害于耕。」

曰：「许子以釜甑爨，以铁⑦耕乎？」

曰：「然。」

「自为之与？」

曰：「否。以粟易之。」

「以粟易械器者，不为厉陶冶；陶冶亦以其械器易粟者，岂为厉农夫哉？且许子何不为陶冶，舍⑧皆取诸宫中⑨而用之？何为纷纷然与百工交易？何许子之不惮烦？」

曰：「百工之事，固不可耕且为也。」

「然则治天下独可耕且为与？有大人⑩之事，有小人之事。且一人之身，而百工之所为备，如必自为而后用之，是率天下而路⑪也。故曰：或劳心，或劳力；劳心者治人，劳力者治于人；治于人者食人，治人者食于人，天下之通义也。」

『当尧之时，天下犹未平。洪水横流，泛滥于天下。草木畅茂，禽兽繁殖，五谷不登，禽兽偪[12]人，兽蹄鸟迹之道交于中国。尧独忧之，举舜而敷[13]治焉。舜使益掌火，益烈山泽而焚之，禽兽逃匿。禹疏九河[14]，瀹济、漯[15]而注诸海，决汝、汉，排淮、泗而注之江[16]，然后中国可得而食也。当时是也，禹八年于外，三过其门而不入，虽欲耕，得乎？』

『后稷[17]教民稼穑，树艺五谷[18]。五谷熟而民人育。人之有道也，饱食、暖衣、逸居而无教，则近于禽兽。圣人有[19]忧之，使契[20]为司徒，教以人伦——父子有亲，君臣有义，夫妇有别，长幼有序，朋友有信。放勋[21]曰：「劳之来之，匡之直之，辅之翼之，使自得之，又从而振德之。」圣人之忧民如此，而暇耕乎？』

『尧以不得舜为己忧，舜以不得禹、皋陶[22]为己忧。夫以百亩之不易为己忧者，农夫也。分人以财谓之惠，教人以善谓之忠，为天下得人者谓之仁。是故以天下与人易，为天下得人难。孔子曰：「大哉尧之为君！惟天为大，惟尧则之，荡荡乎民无能名焉！君哉舜也！巍巍乎有天下而不与焉！」尧舜之治天下，岂无所用其心哉？亦[23]不用于耕耳。』

『吾闻用夏变夷者，未闻变于夷者也。陈良，楚产也，悦周公、仲尼之道，北学于中国。北方之学者，未能或之先也。彼所谓豪杰之士也。子之兄弟事之数十年，师死而遂倍[24]之。昔者孔子没，三年之外，门人治任[26]将归，入揖于子贡，相向而哭，皆失声，然后归。子贡反，筑室于场，独居三年，然后归。他日，子夏、子张、子游以有若似圣人，欲以所事孔子事之，强曾子。曾子曰：「不可。江汉以濯之，秋阳以暴[26]之，皜皜乎不可尚已。」今也南蛮鴃舌[27]之人，非先王之道，子倍子之师而学之，亦异于曾子矣。吾闻出于幽谷迁于乔木者，未闻下乔木而入于幽谷者。《鲁颂》曰[28]：「戎狄是膺，荆舒是惩。」周公方且膺之，子是之学，亦为不善变矣。』

『从许子之道，则市贾[29]不贰，国中无伪，虽使五尺[30]之童适市，莫之或欺。布帛长短同，则贾相若；麻缕丝絮轻重同，则贾相若；五谷多寡同，则贾相若；屦大小同，则贾相若。」

曰：「夫物之不齐，物之情也。或相倍蓰㉛，或相什百，或相千万。子比而同之，是乱天下也。巨屦小屦㉜同贾，人岂为之哉？从许子之道，相率而为伪者也，恶能治国家？」

【注释】

①神农之言：神农，上古传说中的人物，与伏羲、燧人并称三皇。春秋战国诸子，多托所谓古代圣主以自重，当时的农家学派也托之于神农。②氓：从其他地方来的人称为「氓」。③捆：织。④陈良：梁启超《先秦政治思想史》认为即《韩非子·显学》中的「仲良氏之儒」。⑤饔飧：饔，早餐。飧，晚餐。此处用作动词，即做饭。⑥厉：病。此处作「伤害」讲。⑦铁：此指农具。⑧舍：什么。⑨宫中：家中。古时住宅都称为宫，秦汉以后才专指帝王所居为宫。⑩大人：与「小人」相对，或指德者，或指有地位者。此处指后者。⑪路：败。⑫偪：古「逼」字。⑬敷：遍。⑭九河：指徒骇、太史、马颊、覆釜、胡苏、简、絜、钩盘、鬲津。⑮济、漯：济，水名，源自今河南济源王屋山。漯，水名，古漯水出自今山东朝城。⑯决汝、汉，排淮、泗而注之江：这是孟子在叙述禹治水的功劳，不必拘泥文字。⑰后稷：相传为周朝始祖，姬姓，名弃。帝尧时农师。⑱五谷：指稻、黍、稷、麦、菽。⑲有：同「又」。⑳契：相传为殷朝的祖先。㉑放勋：帝尧的名字。㉒皋陶：传说中东夷族首领，虞舜时任司法官。㉓亦：但。㉔倍：同「背」。㉕治任：收拾行李。㉖暴：「曝」的本字。㉗鴃舌：说话像鸟语一样难懂。㉘《鲁颂》曰：此处引《诗经·鲁颂·閟宫》诗句。㉙贾：同「价」。㉚五尺：约合今三尺半。㉛蓰：五倍。㉜巨屦小屦：巨，粗。小，细。

滕文公下

陈代①曰：「不见诸侯，宜若小然；今一见之，大则以王，小则以霸。且《志》曰：『枉尺而直寻②。』宜若可为也。」

孟子曰：『昔齐景公田，招虞人以旌[3]，不至，将杀之。志士不忘在沟壑，勇士不忘丧其元。孔子奚取焉？取非其招不往也。如不待其招而往，何哉？且夫枉尺而直寻者，以利言也。如以利，则枉寻直尺而利，亦可为与？昔者赵简子[4]使王良[5]与嬖奚[6]乘，终日而不获一禽。嬖奚反命曰：「天下之贱工也。」或以告王良。良曰：「请复之。」强而后可，一朝而获十禽。嬖奚反命曰：「天下之良工也。」简子曰：「我使掌与女乘。」谓王良。良不可，曰：「吾为之范[7]我驰驱，终日不获一；为之诡遇[8]，一朝而获十。《诗》云[9]：「不失其驰，舍矢如破。」我不贯[10]与小人乘，请辞。」御者且羞与射者比，比而得禽兽，虽若丘陵，弗为也。如枉道而从彼，何也？且子过矣：枉己者，未有能直人者也。』

【注释】

①陈代：孟子的弟子。②寻：长度单位，八尺为一寻。③招虞人以旌：虞人，守苑囿的官吏。旌，饰以羽毛的旗。古代君王有所召唤，一定有相当的信物为凭，召唤大夫用旌，召唤士用弓，若是召唤虞人用皮冠。因此用旌召唤虞人是不合礼仪的。④赵简子：晋国正卿赵鞅。⑤王良：春秋末年的善御者。⑥嬖奚：嬖，即『嬖人』，奚是其名。⑦范：规范。此指按规则驾车。⑧诡遇：不按规则驾车。⑨《诗》云：此处引《诗经·小雅·车攻》诗句。⑩贯：通『惯』。

景春[11]曰：『公孙衍[12]、张仪[13]，岂不诚大丈夫哉？一怒而诸侯惧，安居而天下息。』

孟子曰：『是焉得为大丈夫乎？子未学礼乎？丈夫之冠[14]也，父命之；女子之嫁也，母命之，往送之门，戒之曰：「往之女家，必敬必戒，无违夫子！」以顺为正者，妾妇之道也。居天下之广居，立天下之正位，行天下之大道[15]。得志与民由之，不得志独行其道。富贵不能淫，贫贱不能移，威武不能屈，此之谓大丈夫。』

周霄[16]问曰：『古之君子仕乎？』

孟子曰：『仕。《传》曰：「孔子三月无君，则皇皇[17]如也。出疆必载质[18]。」公明仪曰：「古之人三月无君，则吊[19]。」』

『三月无君则吊，不以急乎？』

曰：『士之失位也，犹诸侯之失国家也。《礼》曰[20]：「诸侯耕助，以供粢盛[21]；夫人蚕缫，以为衣服[22]。牺牲[23]不成，粢盛不洁，衣服不备，不敢以祭。惟士无田，则亦不祭。」牲杀、器皿、衣服不备，不敢以祭，则不敢以宴，亦不足吊乎？』

『出疆必载质，何也？』

曰：『士之仕也，犹农夫之耕也；农夫岂为出疆舍其耒耜哉？』

曰：『晋国[24]亦仕国也，未尝闻仕如此其急。仕如此其急也，君子之难仕，何也？』

曰：『丈夫生而愿为之有室，女子生而愿为之有家。父母之心，人皆有之。不待父母之命，媒妁之言，钻穴隙相窥，逾墙相从，则父母、国人皆贱之。古之人未尝不欲仕也，又恶不由其道。不由其道而往者，与钻穴隙之类也。』

彭更[25]问曰：『后车数十乘，从者数百人，以传食[26]于诸侯，不以泰乎？』

孟子曰：『非其道，则一箪食不可受于人；如其道，则舜受尧之天下，不以为泰——子以为泰乎？』

曰：『否。士无事而食，不可也。』

曰：『子不通功易事，以羡[27]补不足，则农有余粟，女有余布；子如通之，则梓匠、轮舆[28]皆得食于子。于此有人焉，入则孝，出则悌，守先王之道，以待[29]后之学者，而不得食于子。子何尊梓匠、轮舆而轻为仁义者哉？』

曰：『梓匠、轮舆，其志将以求食也；君子之为道也，其志亦将以求食与？』

曰：『子何以其志为哉？其有功于子，可食而食之矣。且子食志乎？食功乎？』

曰：『食志。』

曰：『有人于此，毁瓦画墁㉚，其志将以求食也，则子食之乎？』

曰：『否。』

曰：『然则子非食志也，食功也。』

【注释】

⑪景春：人名，与孟子同时代人。⑫公孙衍：即魏人犀首，是当时著名的说客。⑬张仪：魏人，战国时期的纵横家。⑭丈夫之冠：古时男子到二十岁，便叫作成人，行加冠礼。⑮居天下之广居，立天下之正位，行天下之大道：朱熹的注解为：『广居，仁也；正位，礼也；大道，义也。』⑯周霄：魏国人，其年代当在梁惠王与襄王之时。⑰皇皇：同『惶惶』。⑱质：同『贽』或『挚』，初次见面表示诚意的礼物，士人一般用雉。⑲吊：内心悲戚。⑳《礼》曰：此处引《礼记·祭统》。㉑粢盛：盛在祭器内以供祭祀的谷礼。㉒衣服：专指祭祀穿用的衣服。㉓牺牲：祭祀时所杀的牲畜。㉔晋国：此处指魏。㉕彭更：孟子的弟子。㉖传食：转食。㉗羡：多，余。㉘梓匠、轮舆：梓人、匠人为木工，轮人（制车轮）、舆人（制车厢）为制车工。㉙待：扶持。㉚墁：墙壁上的涂饰。

万章㉛问曰：『宋，小国也。今将行王政，齐、楚恶而伐之，则如之何？』

孟子曰：『汤居亳㉜，与葛㉝为邻，葛伯放㉞而不祀。汤使人问之曰：「何为不祀？」曰：「无以供牺牲也。」汤使遗之牛羊。葛伯食之，又不以祀。汤又使人问之曰：「何为不祀？」曰：「无以供粢盛也。」汤使亳众往为之耕，老弱馈食。葛伯率其民，要其有酒食黍稻者夺之，不授者杀之。有童子以黍肉饷，杀而夺之。《书》曰：「葛伯仇饷。」此之谓也。为其杀是童子而征之，四海之内皆曰：「非富天下也，为匹夫匹妇复仇也。」汤始征，自葛载㉟，十一征而无敌于天下。东面而征，西夷怨，南面而征，北狄怨，曰：「奚为后我？」民之望之，若大旱之望雨也。归市者弗止，芸者不变，诛其君，吊其民，如时雨降，民大悦。《书》曰：「徯我后？后来其无罚！」「有攸[36]不惟臣，东征，绥厥士女，篚厥玄黄[37]，绍我周王见休[38]，惟臣附于大邑周。」其君子实玄黄于篚以迎其君子，其小人箪食壶浆以迎其小人。救民于水火之中，取其残而已矣。《太誓》曰：「我武惟扬，侵于[39]之疆，则取于残，杀伐用张，于汤有光。」不行王政云尔，苟行王政，四海之内皆举首而望之，欲以为君。齐、楚虽大，何畏焉？』

孟子谓戴不胜[40]曰：『子欲子之王之善与？我明告子。有楚大夫于此，欲其子之齐语也，则使齐人傅诸？使楚人傅诸？』

曰：『使齐人傅之。』

曰：『一齐人傅之，众楚人咻[41]之，虽日挞而求其齐也，不可得矣；引而置之庄岳[42]之闲数年，虽日挞而求其楚，亦不可得矣。子谓薛居州，善士也，使之居于王所。在于王所者，长幼卑尊皆薛居州也，王谁与为不善？在王所者，长幼卑尊皆非薛居州也，王谁与为善？一薛居州，独[43]如宋王何？』

公孙丑问曰：『不见诸侯何义？』

孟子曰：『古者不为臣不见。段干木[44]逾垣而辟之，泄柳闭门而不内[45]，是皆已甚。迫，斯可以见矣。阳货欲见孔子[46]而恶无礼。大夫[47]有赐于士，不得受于其家，则往拜其门。阳货瞰[48]孔子之亡[49]也，而馈孔子蒸豚；孔子亦瞰其亡也，而往拜之。当是时，阳货先，岂得不见？曾子曰：「胁肩谄笑，病于夏畦[50]。」子路曰：「未同而言，观其色赧赧然，非由之所知也。」由是观之，则君子之所养，可知已矣。』

戴盈之[51]曰：『什一，去关市之征，今兹[52]未能。请轻之，以待来年，然后已，何如？』

孟子曰：『今有人日攘[53]其邻之鸡者，或告之曰：「是非君子之道。」曰：「请损之，月攘一鸡，以待来年，然后已。」——如知其非义，斯速已矣，何待来年？」

【注释】

㉛万章：孟子的弟子。㉜亳：地名，商汤都城。据《汉书·地理志》，在今河南商丘北。㉝葛：古国名，嬴姓，故城在今河南宁陵县北。㉞放：放纵、放肆。㉟载：始。㊱攸：攸国。㊲篚厥玄黄：篚，盛物的竹器，此处用作动词，把东西装在筐中。玄黄，本为束帛的颜色，此处代指束帛。㊳休：美。㊴于：古国名。㊵戴不胜：人名，宋国之臣。㊶咻：喧哗。㊷庄岳：齐国的街里名。据顾炎武《日知录》，庄是街名，岳是里名。㊸独：将。㊹段干木：人名，魏文侯时的贤者。㊺内：同『纳』。㊻阳货欲见孔子：事见《论语·阳货》篇。『见』，为使动用法，意为阳货想让孔子来见。㊼大夫：阳货虽不是鲁国之卿，但为正卿季氏的总管，所以也得称大夫。而这时孔子未有官职，故称士。㊽瞰：窥伺，打听。㊾亡：出门不在家。㊿畦：灌园，浇水。51戴盈之：宋国大夫。52兹：年。53攘：与偷窃有所不同，古人称『凡六畜自来而取之曰「攘」。』

公都子54曰：『外人皆称夫子好辩，敢问何也？』

孟子曰：『予岂好辩哉？予不得已也。天下之生久矣，一治一乱。当尧之时，水逆行，泛滥于中国，蛇龙居之，民无所定，下者为巢，上者为营窟55。《书》曰：「洚水警余。」洚水者，洪水也。使禹治之。禹掘地而注之海，驱蛇龙而放之菹56，水由地中行，江、淮、河、汉是也。险阻既远，鸟兽之害人者消，然后人得平土而居之。

尧、舜既没，圣人之道衰，暴君代作57。坏宫室以为污池，民无所安息；弃田以为园囿，使民不得衣食。邪说暴行又作，园囿、污池、沛泽多而禽兽至。及纣之身，天下又大乱。周公相武王诛纣，伐奄三年讨其君，驱飞廉58于海隅而戮之，灭国者五十，驱虎、豹、犀、象而远之，天下大悦。《书》曰：「丕59显哉，文王谟！丕承哉，武王烈，佑启我后人，咸以正无缺。」』

『世道衰微，邪说暴行有[60]作，臣弑其君者有之，子弑其父者有之。孔子惧，作《春秋》。《春秋》，天子之事也。是故孔子曰：「知我者其惟《春秋》乎！罪我者其惟《春秋》乎！」

『圣王不作，诸侯放恣，处士[61]横议，杨朱[62]、墨翟[63]之言盈天下。天下之言不归杨，则归墨。杨氏为我，是无君也；墨氏兼爱，是无父也。无父无君，是禽兽也。公明仪曰：「庖有肥肉，厩有肥马；民有饥色，野有饿莩。此率兽而食人也。」杨、墨之道不息，孔子之道不著，是邪说诬民，充塞仁义也。仁义充塞，则率兽食人，人将相食。吾为此惧，闲[64]先圣之道，距杨、墨，放淫辞，邪说者不得作。作于其心，害于其事；作于其事，害于其政。圣人复起，不易吾言矣。』

『昔者禹抑洪水而天下平，周公兼夷狄、驱猛兽而百姓宁，孔子成《春秋》而乱臣贼子惧。《诗》云：「戎狄是膺，荆舒是惩，则莫我敢承[65]。」无父无君，是周公所膺也。我亦欲正人心，息邪说，距诐行，放淫辞，以承三圣者。岂好辩哉？予不得已也。能言距杨、墨者，圣人之徒也。』

匡章[66]曰：『陈仲子[67]岂不诚廉士哉？居于陵[68]，三日不食，耳无闻，目无见也。井上有李，螬[69]食实者过半矣，匍匐往，将[70]食之，三咽，然后耳有闻，目有见。』

孟子曰：『于齐国之士，吾必以仲子为巨擘[71]焉。虽然，仲子恶能廉？充仲之操，则蚓而后可者也。夫蚓，上食槁壤，下饮黄泉。仲子所居之室，伯夷之所筑与？抑亦盗跖[72]之所筑与？所食之粟，伯夷之所树与？抑亦盗跖之所树与？是未可知也。』

曰：『是何伤哉？彼身织屦，妻辟纑[73]，以易之也。』

曰：『仲子，齐之世家也。兄戴，盖[74]禄万钟。以兄之禄为不义之禄而不食也，以兄之室为不义之室而不居也，辟[75]兄离母，处于於陵。他日归，则有馈其兄生鹅者，己频顣[76]曰：「恶用是鶃鶃[77]者为哉？」他日，其母杀是鹅也，与之食之。其兄自外至，曰：「是鶃鶃之肉也。」出而哇之。以母则不食，以妻则食之。以兄之室则弗居，以於陵则居之。是尚为能充其类也乎？若仲子者，蚓而后充其操者也。」

【注释】

(54)公都子：孟子的弟子。(55)营窟：类似于窑洞。(56)菹：沼泽地带。(57)代作：代，更。代作，更代而作。(58)飞廉：殷纣王手下的勇夫，善走。(59)丕：大。(60)有：同「又」。(61)处士：有才德而隐居不仕的人。(62)杨朱：其人事迹可参看《庄子》及《淮南子》。(63)墨翟：鲁人，一说宋人，著有《墨子》一书。(64)闲：木栏，引申为防卫、捍卫。(65)承：抵御。(66)匡章：齐国人，曾为齐威王将。其言行见于《战国策·齐策》《吕氏春秋·不屈》等。(67)陈仲子：齐国人，亦称田仲、於陵仲子等。(68)於陵：地名，在今山东长山县南。(69)螬：蛴螬，金龟子的幼虫。(70)将：取。(71)巨擘：擘，大拇指，比喻杰出的人物。(72)盗跖：春秋时有名的大盗，柳下惠的兄弟。(73)辟纑：对麻的加工。(74)盖：地名，为陈戴的采邑。(75)辟：同「避」。(76)频顣：皱眉缩鼻，表示不高兴。(77)鶃鶃：鹅叫声。

离娄上

孟子曰：「天下有道，小德役大德①，小贤役大贤；天下无道，小役大，弱役强。斯二者，天也。顺天者存，逆天者亡。齐景公曰：「既不能令，又不受命，是绝物也。」涕出而女于吴②。今也小国师大国而耻受命焉，是犹弟子而耻受命于先师也。如耻之，莫若师文王。师文王，大国五年，小国七年，必为政于天下矣。《诗》云③：「商之孙子，其丽④不亿⑤。上帝既命，侯于周服。侯服于周，天命靡常。殷士肤敏，祼将于京⑥。」孔子曰：「仁不可为众也。夫国君好仁，天下无敌。」今也欲无敌于天下而不以仁，是犹执热而不以濯也。《诗》云⑦：「谁能执热，逝不以濯？」」

孟子曰：「不仁者可与言哉？安其危而利其菑，乐其所以亡者。不仁而可与言，则何亡国败家之有？有孺子歌曰：

「沧浪[8]之水清兮，可以濯我缨[9]；沧浪之水浊兮，可以濯我足。」孔子曰：「小子听之！清斯濯缨，浊斯濯足矣。自取之也。」夫人必自侮，然后人侮之；家必自毁，而后人毁之；国必自伐，而后人伐之。《太甲》曰[10]：「天作孽，犹可违；人作孽，不可活。」此之谓也。」

孟子曰：「桀纣之失天下也，失其民也；失其民者，失其心也。得天下有道：得其民，斯得天下矣；得其民有道：得其心，斯得民矣；得其心有道：所欲与之聚之，所恶勿施尔也。民之归仁也，犹水之就下，兽之走圹[11]也。故为渊驱鱼者，獭也；为丛驱爵[12]者，鹯也；为汤、武驱民者，桀与纣也。今天下之君有好仁者，则诸侯皆为之驱矣。虽欲无王，不可得已。今之欲王者，犹七年之病求三年之艾[13]也。苟为不畜，终身不得。苟不志于仁，终身忧辱，以陷于死亡。《诗》云[14]：「其何能淑，载胥及溺[15]。」此之谓也。」

【注释】

①小德役大德：「小德役于大德」之意，省去「于」字。②涕出而女于吴：女，嫁女。此句是说齐景公嫁女给吴王阖庐，送到郊外，哭泣而别。③《诗》云：此处引《诗经·大雅·文王》诗句。④丽：数量。⑤亿：古人以10万为亿。⑥祼将于京：祼，亦作灌，古代祭祀仪式，把酒倒在地上以迎接鬼神。将，助，助祭。京，周朝都城镐京。⑦《诗》云：此处引《诗经·大雅·桑柔》诗句。⑧沧浪：前人有多种解说，一说为水青色；一说为水名，汉水的支流；一说为地名，在今湖北均县北。⑨缨：系帽子的丝带。⑩《太甲》曰：此处引《尚书·太甲》篇句。⑪圹：同「旷」，旷野。⑫爵：同「雀」。⑬艾：草本植物，可供灸病之用，以此为喻。⑭《诗》云：此处引《诗经·大雅·桑柔》诗句。⑮其何能淑，载胥及溺：淑，善。胥，相。及，与。

离娄下

孟子曰：『舜生于诸冯，迁于负夏，卒于鸣条①，东夷之人也。文王生于岐周②，卒于毕郢③，西夷之人也。地之相去也，千有余里；世之相后也，千有余岁。得志行乎中国，若合符节④。先圣后圣，其揆⑤一也。』

子产⑥听⑦郑国之政，以其乘舆⑧济人于溱、洧⑨。孟子曰：『惠而不知为政。岁十一月⑩，徒杠⑪成；十二月，舆梁⑫成。民未病涉也。君子平其政，行辟⑬人可也，焉得人人而济之？故为政者，每人而悦之，日亦不足矣。』

孟子告齐宣王曰：『君之⑭视臣如手足，则臣视君如腹心；君之视臣如犬马，则臣视君如国人；君之视臣如土芥，则臣视君如寇仇。』

王曰：『礼，为旧君有服⑮。何如斯可为服矣？』

曰：『谏行言听，膏泽下于民；有故而去，则君使人导之出疆，又先于其所往；去三年不反，然后收其田里。此之谓三有礼焉。如此，则为之服矣。今也为臣，谏则不行，言则不听；膏泽不下于民；有故而去，则君搏执之，又极⑯之于其所往；去之日，遂收其田里。此之谓寇仇。寇仇，何服之有？』

孟子曰：『无罪而杀士，则大夫可以去；无罪而戮民，则士可以徙。』

孟子曰：『君仁，莫不仁；君义，莫不义。』

孟子曰：『非礼之礼，非义之义，大人弗为。』

孟子曰：『中也养不中，才也养不才⑰。故人乐有贤父兄也。如中也弃不中，才也弃不才，则贤不肖之相去，其间不能以寸⑱。』

孟子曰：『人有不为也，而后可以有为。』

孟子曰：『言人之不善，当如后患何？』

孟子曰：『仲尼不为已甚者。』

孟子曰：『大人者，言不必信，行不必果，惟义所在。』

孟子曰：『大人者，不失其赤子之心者也。』

孟子曰：『养生者不足以当大事，惟送死可以当大事。』

孟子曰：『君子深造之以道，欲其自得之也。自得之，则居之安；居之安，则资之深；资之深，则取之左右逢其原。故君子欲其自得之也。』

孟子曰：『博学而详说之，将以反说约也。』

孟子曰：『以善服人者，未有能服人者也；以善养人，然后能服天下。天下不心服而王者，未之有也。』

孟子曰：『言无实不详。不详之实，蔽贤者当之。』

徐子[19]曰：『仲尼亟称于水，曰：「水哉，水哉[20]！」何取于水也？』

孟子曰：『源泉混混[21]，不舍昼夜，盈科[22]而后进，放乎四海。有本者如是，是之取尔。苟为无本，七八月之间雨集，沟浍皆盈；其涸也，可立而待也。故声闻[23]过情，君子耻之。』

孟子曰：『人之所以异于禽兽者几希，庶民去之，君子存之。舜明于庶物，察于人伦，由仁义行，非行仁义也。』

孟子曰：『禹恶旨酒而好善言。汤执中，立贤无方[24]。文王视民如伤，望道而[25]未之见。武王不泄[26]迩，不忘远。周公思兼三王，以施四事。其有不合者，仰而思之，夜以继日；幸而得之，坐以待旦。』

孟子曰：『王者之迹[27]熄而《诗》亡，《诗》亡然后《春秋》作。晋之《乘》，楚之《梼杌》，鲁之《春秋》[28]，一也。

其事则齐桓、晋文，其文则史。孔子曰：「其义则丘窃取之矣。」」

孟子曰：『君子之泽㉙，五世而斩；小人之泽，五世而斩。予未得为孔子徒也，予私淑㉚诸人也。』

孟子曰：『可以取，可以无取，取伤廉；可以与，可以无与，与伤惠；可以死，可以无死，死伤勇。』

【注释】

①诸冯、负夏、鸣条：舜是传说中的人物，这三处地名也无法确定，从文义看，应在中国东部。②岐周：在今陕西岐山县东北。③毕郢：在今陕西咸阳市东。④符节：符、节都是古时表示印信之物，多用玉、角、铜、竹制成，可剖为两半，各执一半，相合准确无误，即作为信物。⑤揆：尺度。⑥子产：公孙侨字子产，春秋时郑国大夫。⑦听：处理。⑧乘舆：意为所乘之车。舆，本指车厢，此处代指车子。⑨溱、洧：溱，水名，发源于河南密县。洧，水名，发源于河南登封。⑩十一月：指周历，夏历为九月。下句『十二月』，夏历为十月。⑪徒杠：可以走人的小桥。⑫舆梁：可以走车马的大桥。⑬辟：开道。⑭之：『若』的意思。⑮为旧君有服：已离职的臣下为原先的君王服孝。《仪礼·丧服篇》有大夫为旧君服孝三月之文。⑯极：穷，困。此处为使动用法，『使其处境困难』之意。⑰中、养：中，即中庸，又可以理解为『美德』。养，熏陶。⑱其间不能以寸：『不能以寸量』之意，即非常接近。⑲徐子：名辟，孟子的弟子。⑳水哉：此处徐子引孔子的话无处可考。㉑混混：同『滚滚』。㉒科：坎。㉓声闻：名誉。㉔方：常，常法。㉕而：如。㉖泄：狎，态度不严肃。㉗迹：前人留下的事迹、言论。㉘《乘》《梼杌》《春秋》：晋、楚、鲁三国的史书名。㉙泽：影响。㉚私淑：私下敬仰、羡慕。

逢蒙㉛学射于羿㉜，尽羿之道，思天下惟羿为愈己，于是杀羿。孟子曰：『是亦羿有罪焉。』

公明仪曰：『宜若无罪焉。』

曰：『薄乎云尔，恶得无罪？郑人使子濯孺子侵卫，卫使庾公之斯追之。子濯孺子曰：「今日我疾作，不可以执弓，吾死矣夫！」问其仆曰：「追我者谁也？」其仆曰：「庾公之斯也。」曰：「吾生矣。」其仆曰：「庾公之斯，卫之善射者也。夫子曰吾生，何谓也？」曰：「庾公之斯学射于尹公之他，尹公之他学射于我。夫尹公之他，端人也，其取友必端矣。」庾公之斯至，曰：「夫子何为不执弓？」曰：「今日我疾作，不可以执弓。」曰：「小人学射于尹公之他，尹公之他学射于夫子。我不忍以夫子之道反害夫子。虽然，今日之事，君事也，我不敢废。」抽矢，扣轮，去其金，发乘矢㉝而后反。」

孟子曰：「西子㉞蒙不洁，则人皆掩鼻而过之；虽有恶人㉟，齐戒沐浴，则可以祀上帝。」

孟子曰：「天下之言性也，则故而已矣。故者以利㊱为本。所恶于智者，为其凿也。如智者若禹之行水也，则无恶于智矣。禹之行水也，行其所无事也。如智者亦行其所无事，则智亦大矣。天之高也，星辰之远也，苟求其故，千岁之日至㊲，可坐而致也。」

公行子㊳有子之丧，右师㊴往吊。入门，有进而与右师言者，有就右师之位而与右师言者。孟子不与右师言，右师不悦曰：「诸君子皆与驩言，孟子独不与驩言，是简驩也。」

孟子闻之，曰：「礼，朝廷不历㊵位而相与言，不逾阶而相揖也。我欲行礼，子敖以我为简，不亦异乎？」

孟子曰：「君子所以异于人者，以其存心也。君子以仁存心，以礼存心。仁者爱人，有礼者敬人。爱人者，人恒爱之；敬人者，人恒敬之。有人于此，其待我以横逆㊶，则君子必自反也：我必不仁也，必无礼也，此物奚宜至哉？其自反而仁矣，自反而有礼矣，其横逆由是也，君子必自反也：我必不忠。自反而忠矣，其横逆由是也，君子曰：「此亦妄人也已矣。如此，则与禽兽奚择㊷哉？于禽兽又何难㊸焉？」是故君子有终身之忧，无一朝之患也。乃若所忧则有之：舜，人也；我，亦人也。舜为法于天下，可传于后世，我由未免为乡人也，是则可忧也。忧之如何？如舜而已矣。

若夫君子所患则亡矣。非仁无为也，非礼无行也。如有一朝之患，则君子不患矣。』

禹、稷当平世，三过其门而不入，孔子贤之。颜子当乱世，居于陋巷，一箪食，一瓢饮，人不堪其忧，颜子不改其乐，孔子贤之[44]。孟子曰：『禹、稷、颜回同道。禹思天下有溺者，由己溺之也；稷思天下有饥者，由己饥之也，是以如是其急也。禹、稷、颜子易地则皆然。今有同室之人斗者，救之，虽被发缨冠[45]而救之，可也；乡邻有斗者，被发缨冠而往救之，则惑也，虽闭户可也。』

公都子曰：『匡章，通国皆称不孝焉。夫子与之游，又从而礼貌之，敢问何也？』

孟子曰：『世俗所谓不孝者五：惰其四支，不顾父母之养，一不孝也；博弈，好饮酒，不顾父母之养，二不孝也；好货财，私妻子，不顾父母之养，三不孝也；从[46]耳目之欲，以为父母戮[47]，四不孝也；好勇斗很[48]，以危父母，五不孝也。章子有一于是乎？夫章子，子父责善而不相遇也。责善，朋友之道也；父子责善，贼恩之大者。夫章子，岂不欲有夫妻子母之属哉？为得罪于父，不得近，出妻屏[49]子，终身不养焉。其设心以为不若是，是则罪之大者。是则章子已矣。』

曾子居武城[50]，有越寇[51]。或曰：『寇至，盍去诸？』曰：『无寓人于我室，毁伤其薪木。』寇退，则曰：『修我墙屋，我将反。』寇退，曾子反。左右曰：『待先生如此其忠且敬也。寇至，则先去以为民望；寇退，则反。殆[52]于不可。』沈犹行[53]曰：『是非汝所知也。昔沈犹有负刍之祸[54]，从先生者七十人，未有与焉。』

子思[55]居于卫，有齐寇。或曰：『寇至，盍去诸？』子思曰：『如伋去，君谁与守？』

孟子曰：『曾子、子思同道。曾子，师也，父兄也；子思，臣也，微也。曾子、子思易地则皆然。』

储子[56]曰：『王使人瞷[57]夫子，果有以异于人乎？』

孟子曰：『何以异于人哉？尧舜与人同耳。』

齐人有一妻一妾而处室者，其良人㊿出，则必餍酒肉而后反。其妻问所与饮食者，则尽富贵也。其妻告其妾曰：『良人出，则必餍酒肉而后反。问其与饮食者，尽富贵也，而未尝有显者来。吾将瞷良人之所之也。』

蚤起，施㊾从良人之所之，遍国中无与立谈者。卒之东郭墦㊿间，之祭者，乞其余；不足，又顾而之他。——此其为餍足之道也。

其妻归，告其妾曰：『良人者，所仰望而终身也，今若此。』与其妾讪61其良人，而相泣于中庭62。而良人未之知也，施施63从外来，骄其妻妾。

由君子观之，则人之所以求富贵利达者，其妻妾不羞也，而不相泣者，几希矣。

【注释】

㉛逢蒙：既为羿的学生，又是羿的家人，后背叛羿，帮助寒浞杀羿。㉜羿：夏代有穷国之君。㉝乘矢：四矢。㉞西子：西施。㉟恶人：相貌丑陋的人。㊱利：『顺』的意思。㊲日至：指冬至。㊳公行子：齐国大夫。㊴右师：官名，此指盖大夫王驩，字子敖。㊵历：『越过』之意。㊶横逆：蛮横无理。㊷择：区别。㊸难：责难。㊹『颜子当乱世』等句：事见《论语·雍也》。㊺被发缨冠：披着头发戴帽子。意即不暇束发，而结缨往救，言急也，同室中可以，在乡邻中就是失礼了。㊻从：同『纵』。㊼戮：『羞辱』的意思。㊽很：今作『狠』。㊾屏：驱逐。㊿武城：地名，故城在今山东费县西南。51越寇：指越国侵略者。52殆：『近』的意思。53沈犹行：曾子的弟子，姓沈犹，名行。54负刍之祸：负刍，赵岐注认为是人名，『时有作乱者负刍』。朱熹认为『负刍』是背草的人。55子思：孔子的孙子，名伋，字子思。56储子：齐国人，为齐相。57瞷：窥探。58良人：即丈夫。59施：古『斜』字。60墦：坟地。61讪：讥笑。62中庭：犹言『庭中』。63施施：喜悦的样子。

万章上

万章问曰：『舜往于田，号泣于旻天①，何为其号泣也？』

孟子曰：『怨慕也。』

万章曰：『「父母爱之，喜而不忘；父母恶之，劳而不怨。」然则舜怨乎？』

曰：『长息问于公明高②曰：「舜往于田，则吾既得闻命矣；号泣于旻天，于父母，则吾不知也。」公明高曰：「是非尔所知也。」夫公明高以孝子之心，为不若是恝③：我竭力耕田，共④为子职而已矣，父母之不我爱，于我何哉？帝使其子九男二女⑤，百官⑥牛羊仓廪备，以事舜于畎亩之中，天下之士多就之者，帝将胥⑦天下而迁之焉。为不顺于父母，如穷人无所归。天下之士悦之，人之所欲也，而不足以解忧；好色，人之所欲，妻帝之二女，而不足以解忧；富，人之所欲，富有天下，而不足以解忧；贵，人之所欲，贵为天子，而不足以解忧。人悦之、好色、富、贵，无足以解忧者，惟顺于父母可以解忧。人少，则慕父母；知好色，则慕少艾⑧；有妻子，则慕妻子；仕则慕君，不得于君则热中。大孝终身慕父母。五十而慕者，予于大舜见之矣。』

万章问曰：『《诗》云⑨：「娶妻如之何？必告父母。」信斯言也，宜莫如舜。舜之不告而娶，何也？』

孟子曰：『告则不得娶。男女居室，人之大伦也。如告，则废人之大伦，以怼⑩父母，是以不告也。』

万章曰：『舜之不告而娶，则吾既得闻命矣；帝之妻舜而不告，何也？』

曰：『帝亦知告焉则不得妻也。』

万章曰：『父母使舜完廪，捐阶⑪，瞽瞍焚廪。使浚井，出，从而揜⑫之。象⑬曰：「谟盖都君咸我绩⑭，牛羊父母，仓廪父母，干戈朕，琴朕，弤朕，二嫂使治朕栖⑮。」象往入舜宫，舜在床琴。象曰：「郁陶⑯思君尔。」忸怩。舜曰：

「惟[17]兹臣庶，汝其于予治。」不识舜不知象之将杀己与？』

曰：『奚而不知也？象忧亦忧，象喜亦喜。』

曰：『然则舜伪喜者与？』

曰：『否。昔者有馈生鱼于郑子产，子产使校人[18]畜之池。校人烹之，反命曰：「始舍之，圉圉[19]焉；少则洋洋[20]焉，攸然而逝。」子产曰：「得其所哉！得其所哉！」校人出，曰：「孰谓子产智？予既烹而食之，曰：「得其所哉！得其所哉！」」故君子可欺以其方，难罔以非其道。彼以爱兄之道来，故诚信而喜之，奚伪焉？』

万章问曰：『象日以杀舜为事，立为天子，则放之，何也？』

孟子曰：『封之也；或曰，放焉。』

万章曰：『舜流共工于幽州[21]，放驩兜于崇山[22]，杀三苗于三危[23]，殛鲧于羽山[24]，四罪而天下咸服，诛不仁也。象至不仁，封之有庳[25]。有庳之人奚罪焉？仁人固如是乎——在他人则诛之，在弟则封之？』

曰：『仁人之于弟也，不藏怒焉，不宿怨焉，亲爱之而已矣。亲之，欲其贵也；爱之，欲其富也。封之有庳，富贵之地。身为天子，弟为匹夫，可谓亲爱之乎？』

『敢问「何曰放者」，何谓也？』

曰：『象不得有为于其国，天子使吏治其国而纳其贡税焉，故谓之放。岂得暴彼民哉？虽然，欲常常而见之，故源源而来。「不及贡，以政接于有庳[26]。」此之谓也。』

【注释】

①旻天：天空。②长息、公明高：长息，公明高弟子。公明高，曾子的弟子。③恝：又读jiá，无忧愁。④共：当读为『恭』。

⑤九男二女：尧以二女妻舜，以九男事舜。⑥官：指宫室。⑦胥：皆，『胥天下』犹言『尽天下』。⑧少艾：亦作『幼艾』，年轻美貌的姑娘。⑨《诗》云：此处引《诗经·齐风·南山》诗句。⑩怼：怨恨。⑪捐阶：撤掉梯子。⑫揜：今作『掩』，堵塞，覆盖。⑬象：舜同父异母弟。⑭谟盖都君咸我绩：谟，谋。盖，『害』的假借字。都君，指舜。⑮栖：床。⑯郁陶：思念的样子。⑰惟：思，浮泛之思。⑱校人：管理池沼的小吏。⑲圉圉：鱼在水中困而未舒展。⑳洋洋：舒缓摆尾的样子。㉑幽州：在今北京密云县东北。㉒放驩兜于崇山：驩兜，尧、舜的大臣。崇山，在今湖北崇阳县南。㉓杀三苗于三危：三苗，国名。三危，在今甘肃敦煌东南。㉔殛鲧于羽山：殛，诛杀。鲧，禹的父亲。羽山，在今江苏赣榆县。㉕有庳：象的封地，在今湖南道县北。㉖不及贡，以政接于有庳：这两句疑是《尚书》逸文。

咸丘蒙[27]问曰：『语云：「盛德之士，君不得而臣，父不得而子。」舜南面而立，尧帅诸侯北面而朝之，瞽瞍亦北面而朝之。舜见瞽瞍，其容有蹙[28]。孔子曰：「于斯时也，天下殆哉，岌岌乎[29]！」不识此语诚然乎哉？』

孟子曰：『否。此非君子之言，齐东野人之语也。尧老而舜摄也。《尧典》曰[30]：「二十有八载，放勋[31]乃徂落[32]，百姓如丧考妣[33]，三年，四海遏密八音[34]。」孔子曰[35]：「天无二日，民无二王。」舜既为天子矣，又帅天下诸侯以为尧三年丧，是二天子矣。』

咸丘蒙曰：『舜之不臣尧，则吾既得闻命矣。《诗》云[36]：「普天之下，莫非王土；率土之滨，莫非王臣。」而舜既为天子矣，敢问瞽瞍之非臣，如何？』

曰：『是诗也，非是之谓也；劳于王事而不得养父母也。曰：「此莫非王事，我独贤劳也。」故说诗者，不以文害辞，不以辞害志。以意逆[37]志，是为得之。如以辞而已矣，《云汉》之诗曰：「周余黎民，靡有孑遗[38]。」信斯言也，是周无遗民也。孝子之至，莫大乎尊亲；尊亲之至，莫大乎以天下养。为天子父，尊之至也；以天下养，养之至也。《诗》

曰㊴：「永言孝思，孝思维则。」此之谓也。《书》曰：「祗载见瞽瞍，夔夔齐栗，瞽瞍亦允若㊵。」是为父不得而子也？』

万章曰：『尧以天下与舜，有诸？』

孟子曰：『否。天子不能以天下与人。』

『然则舜有天下也，孰与之？』

曰：『天与之。』

『天与之者，谆谆㊶然命之乎？』

曰：『否。天不言，以行与事示之而已矣。』

曰：『以行与事示之者，如之何？』

曰：『天子能荐人于天，不能使天与之天下；诸侯能荐人于天子，不能使天子与之诸侯；大夫能荐人与诸侯，不能使诸侯与之大夫。昔者，尧荐舜于天，而天受之；暴㊷之于民，而民受之。故曰，天不言，以行与事示之而已矣。』

曰：『敢问荐之于天，而天受之；暴之于民，而民受之，如何？』

曰：『使之主祭，而百神享之，是天受之；使之主事，而事治，百姓安之，是民受之也。天与之，人与之，故曰，天子不能以天下与人。舜相尧二十有八载，非人之所能为也，天也。尧崩，三年之丧毕，舜避尧之子于南河㊸之南，天下诸侯朝觐者，不之尧之子而之舜；讼狱者，不之尧之子而之舜；讴歌者，不讴歌尧之子而讴歌舜，故曰，天也。夫然后之中国㊹，践天子位焉。而㊺居尧之宫，逼尧之子，是篡也，非天与也。《太誓》曰：「天视自我民视，天听自我民听。」此之谓也。』

【注释】

㉗咸丘蒙：咸丘本是鲁国地名，此以地名为姓。咸丘蒙是孟子的弟子。㉘蹙：不安的样子。㉙天下殆哉，岌岌乎：

此为「天下岌岌乎殆哉」的倒装句。殆，危险。岌岌，形容山高的样子，此处用作比喻危险。㉚《尧典》曰：此处引用《尚书·舜典》句。《尧典》《舜典》本是一篇，故此处谓之《尧典》。㉛放勋：尧的称号。㉜徂落：死。㉝考妣：父母。㉞四海遏密八音：四海，指民间。遏，停止。密，又作「谧」，安静。八音，指金、石、丝、竹、匏、土、革、木所作的乐器，此处泛指音乐。㉟孔子曰：《礼记·曾子问》引有以下二句。㊱《诗》云：此处引《诗经·小雅·北山》诗句。㊲逆：揣测。㊳周余黎民，靡有孑遗：引自《诗经·大雅·云汉》。㊴《诗》曰：此处引用《诗经·大雅·下武》诗句。㊵「祇载」句至「允若」：祇，恭敬。载，事。夔，谨慎而恐惧的样子。允，信。若，顺。㊶谆谆：教海不倦的样子。㊷暴：显扬。㊸南河：地名，在今河南濮阳东。尧避居处，为偃朱故城。㊹中国：此指京师。㊺而：同「如」。

万章下

孟子曰：「伯夷，目不视恶色，耳不听恶声。非其君，不事；非其民，不使。治则进，乱则退。横[①]政之所出，横民之所止，不忍居也。思与乡人处，如以朝衣朝冠坐于涂炭也。当纣之时，居北海之滨，以待天下之清也。故闻伯夷之风者，顽夫[②]廉，懦夫有立志。

「伊尹曰：『何事非君，何使非民？』治亦进，乱亦进，曰：『天之生斯民也，使先知觉后知，使先觉觉后觉。予，天民之先觉者。予将以此道觉此民也。』思天下之民，匹夫匹妇有不与被尧、舜之泽者，若己推而内之沟中。其自任以天下之重也。

「柳下惠不羞污君，不辞小官。进不隐贤，必以其道。遗佚而不怨，厄穷而不悯。与乡人处，由由然不忍去也。『尔为尔，我为我，虽袒裼裎于我侧，尔焉能浼[③]我哉？』故闻柳下惠之风者，鄙夫[④]宽，薄夫敦。

『孔子之去齐，接淅而行；去鲁，曰：「迟迟吾行也，去父母国之道也。」可以速而速，可以久而久，可以处[5]而处，可以仕而仕，孔子也。』

孟子曰：『伯夷，圣之清者也；伊尹，圣之任者也；柳下惠，圣之和者也，孔子，圣之时者也。孔子之谓集大成。集大成也者，金声而玉振[6]之也。金声也者，始条理也；玉振之也者，终条理也。始条理者，智之事也；终条理者，圣之事也。智，譬则巧也；圣，譬则力也。由[7]射于百步之外也，其至尔力也；其中，非尔力也。』

北宫锜[8]问曰：『周室班[9]爵禄也，如之何？』

孟子曰：『其详不可得闻也，诸侯恶其害己也，而皆去其籍；然而轲也，尝闻其略也。天子一位，公一位，侯一位，伯一位，子、男同一位，凡五等也。君一位，卿一位，大夫一位，上士一位，中士一位，下士一位，凡六等。天子之制，地方千里，公侯皆方百里，伯七十里，子、男五十里，凡四等。不能[10]五十里，不达于天子，附于诸侯，曰附庸。天子之卿受地视[11]侯，大夫受地视伯，元士受地视子、男。大国地方百里，君十卿禄，卿禄四大夫，大夫倍上士，上士倍中士，中士倍下士，下士与庶人在官者同禄，禄足以代其耕也。次国地方七十里，君十卿禄，卿禄三大夫，大夫倍上士，上士倍中士，中士倍下士，下士与庶人在官者同禄，禄足以代其耕也。小国地方五十里，君十卿禄，卿禄二大夫，大夫倍上士，上士倍中士，中士倍下士，下士与庶人在官者同禄，禄足以代其耕也。耕者之所获，一夫百亩；百亩之粪[12]，上农夫食九人，上次食八人，中食七人，中次食六人，下食五人。庶人在官者，其禄以是为差。』

万章问曰：『敢问友。』

孟子曰：『不挟[13]长，不挟贵，不挟兄弟而友。友也者，友其德也，不可以有挟也。孟献子[14]，百乘之家也，有友五人焉：乐正裘、牧仲，其三人，则予忘之矣。献子之与此五人者友也，无献子之家者也。此五人者，亦有献子之家，则不与之友矣。非惟百乘之家为然也，虽小国之君亦有之。费⑮惠公曰：「吾于子思，则思之矣；吾子颜般，则友之矣；王顺、长息，则事我者也。」非惟小国之君为然也，虽大国之君亦有之。晋平公之于亥唐⑯也，入云则入，坐云则坐，食云则食；虽疏食菜羹，未尝不饱，盖不敢不饱也。然终于此而已矣。弗与共天位也，弗与治天职也，弗与食天禄也，士之尊贤者也，非王公之尊贤也。舜尚⑰见帝，帝馆甥于贰室⑱，亦飨舜，迭为宾主，是天子而友匹夫也。用⑲下敬上，谓之贵贵；用上敬下，谓之尊贤。贵贵、尊贤，其义一也。」

万章问曰：「敢问交际⑳何心也？」

孟子曰：「恭也。」

曰：「『却之却之为不恭。』何哉？」

曰：「尊者赐之，曰：『其所取之者义乎，不义乎？』而后受之，以是为不恭，故弗却也。」

曰：「请无以辞却之，以心却之，曰：『其取诸民之不义也。』而以他辞无受，不可乎？」

曰：「其交也以道，其接也以礼，斯孔子受之矣。」

万章曰：「今有御㉑人于国门之外者，其交也以道，其馈也以礼，斯可受御与？」

曰：「不可。《康诰》曰：『杀越人于货，闵不畏死，凡民罔不譈㉒。』是不待教而诛者也。殷受夏，周受殷，所不辞也。于今为烈，如之何其受之？」

曰：「今之诸侯取之于民也，犹御也。苟善其礼际矣，斯君子受之，敢问何说也？」

曰：「子以为有王者作，将比㉓今之诸侯而诛之乎？其教之不改而后诛之乎？夫谓非其有而取之者盗也，充类至义㉔之尽也。孔子之仕于鲁也，鲁人猎较㉕，孔子亦猎较。猎较犹可，而况受其赐乎？」

曰：『然则孔子之仕也，非事道与？』

曰：『事道也。』

『事道奚猎较也？』

曰：『孔子先簿正祭器，不以四方之食供簿正。』

曰：『奚不去也？』

曰：『为之兆㉖也。兆足以行矣，而不行，而后去，是以未尝有所终三年淹也。孔子有见行可之仕，有际可之仕，有公养之仕，于季桓子，见行可之仕也；于卫灵公，际可之仕也；于卫孝公㉗，公养之仕也。』

孟子曰：『仕非为贫也，而有时乎为贫；娶妻非为养也，而有时乎为养。为贫者，辞尊居卑，辞富居贫。辞尊居卑，辞富居贫，恶乎宜乎？抱关击柝㉘。孔子尝为委吏㉙矣。曰：「会计当而已矣。」尝为乘田㉚矣，曰：「牛羊茁壮长而已矣。」位卑而言高，罪也；立乎人之本朝㉛而道不行，耻也。』

万章曰：『士之不托诸侯，何也？』

孟子曰：『不敢也。诸侯失国，而后托于诸侯，礼也；士之托于诸侯，非礼也。』

万章曰：『君馈之粟，则受之乎？』

曰：『受之。』

『受之何义也？』

曰：『君之于氓㉜也，固周㉝之。』

曰：『周之则受，赐之则不受，何也？』

曰：『不敢也。』

曰：『敢问其不敢何也？』

曰：『抱关击柝者皆有常职以食于上。无常职而赐于上者，以为不恭也。』

曰：『君馈之，则受之，不识可常继乎？』

曰：『缪公之于子思也，亟问，亟馈鼎肉㉞，子思不悦。于卒也，摽㉟使者出诸大门之外，北面稽首再拜㊱而不受，曰：「今而后知君之犬马畜伋。」盖自是台㊲无馈也。悦贤不能举，又不能养也，可谓悦贤乎？』

曰：『敢问国君欲养君子，如何斯可谓养矣？』

曰：『以君命将㊳之，再拜稽首而受。其后廪人继粟，庖人㊴继肉，不以君命将之。子思以为鼎肉使己仆仆㊵尔亟拜也，非养君子之道也。尧之于舜也，使其子九男事之，二女女焉，百官、牛羊、仓廪备，以养舜于畎亩之中，后举而加㊶诸上位，故曰，王公之尊贤者也。』

万章曰：『敢问不见诸侯，何义也？』

孟子曰：『在国曰市井之臣，在野曰草莽之臣，皆谓庶人。庶人不传质㊷为臣，不敢见于诸侯，礼也。』

万章曰：『庶人，召之役，则往役；君欲见之，召之，则不往见之，何也？』

曰：『往役，义也；往见，不义也。且君之欲见之也，何为也哉？』

曰：『为其多闻也，为其贤也。』

曰：『为其多闻也，则天子不召师，而况诸侯乎？为其贤也，则吾未闻欲见贤而召之也。缪公亟见于子思，曰：「古千乘之国以友士，何如？」子思不悦，曰：「古之人有言曰：事之云乎，岂曰友之云乎？」子思之不悦也，岂不曰：

「以位，则子君也，我臣也，何敢与君友也？以德，则子事我者也，奚可以与我友？」千乘之君求与之友而不可得也，而况可召与？齐景公田，招虞人以旌，不至，将杀之。志士不忘在沟壑，勇士不忘丧其元。孔子奚取焉？取非其招不往也。」

曰：「敢问招虞人何以？」

曰：「以皮冠。庶人以旃[43]，士以旂[44]，大夫以旌。以大夫之招招虞人，虞人死不敢往。以士之招招庶人，庶人岂敢往哉？况乎以不贤人之招招贤人乎？欲见贤人而不以其道，犹欲其入而闭之门也。夫义，路也；礼，门也。惟君子能由是路，出入是门也。《诗》云[45]：「周道如底，其直如矢；君子所履，小人所视[46]。」」

万章曰：「孔子，君命召，不俟驾而行；然则孔子非与？」

曰：「孔子当仕有官职，而以其官召之也。」

孟子谓万章曰：「一乡之善士，斯友一乡之善士；一国之善士，斯友一国之善士；天下之善士，斯友天下之善士。以友天下之善士为未足，又尚[47]论古之人。颂[48]其诗，读[49]其书，不知其人，可乎？是以论其世也。是尚友也。」

齐宣王问卿。孟子曰：「王何卿之问也？」

王曰：「卿不同乎？」

曰：「不同。有贵戚之卿，有异姓之卿。」

王曰：「请问贵戚之卿。」

曰：「君有大过则谏；反覆之而不听，则易位。」

王勃然变乎色。

曰：『王勿异也。王问臣，臣不敢不以正㊿对。』

王色定，然后请问异姓之卿。

曰：『君有过则谏，反覆之而不听，则去。』

【注释】

①横：与『横逆』之横同义。②顽夫：贪婪之人。③浼：玷污。④鄙夫：心胸狭窄之人。⑤处：止，引申为隐退。⑥金声而玉振：金声，镈钟（独立悬挂的大钟）发出的声音。玉振，磬（指悬挂的磬）收束的余韵。振，『收』的意思。⑦由：同『犹』。⑧北宫锜：卫国人。⑨班：等级。⑩不能：不足，不及。⑪视：比。⑫粪：施肥。⑬挟：依仗。⑭孟献子：鲁国大夫仲孙蔑。⑮费：春秋时的小国。⑯亥唐：人名，晋国人。⑰尚：同『上』。以百姓而谒天子，故称『上』。⑱贰室：副宫。⑲用：以。⑳交际：以礼仪币帛相交接。际，接。㉑御：拦路抢劫。㉒譈：同『憝』，怨恨。㉓比：同。㉔充类至义：充类，充其类，推广到极点。至义，极其义，提高到道理上。㉕猎较：抢夺猎物。㉖兆：始。㉗卫孝公：《左传》《史记》上都没有卫孝公的记载，疑为出公辄，一人而二谥。㉘抱关击柝：抱关，门卒。击柝：夜行打更。㉙委吏：管仓库的小吏。㉚乘田：管苑囿的小吏。㉛本朝：即『朝廷』之意。㉜氓：自他国而至此国之民。㉝周：给不足。㉞鼎肉：郑玄解释为生肉，朱熹解释为熟肉。㉟摽：挥。㊱稽首再拜：头至地为稽首，跪而拱手，头俯至于手，与心平为拜。再，两次。㊲台：与『始』同。㊳将：送。㊴庖人：官名，掌供膳食。㊵仆仆：烦猥的样子。㊶加：同『居』。㊷传质：传送礼物。由将命者传之，故谓之传质。㊸旃：曲柄的旗子。㊹旂：系有铃的旗子。㊺《诗》云：此处引《诗经·小雅·大东》诗句。㊻『周道如底』诸句：周道，大道。底，同『砥』，即磨刀石。视，仿效。㊼尚：同『上』。㊽颂：同『诵』。㊾读：此处既有『诵读』之义，又有『抽绎』之义。㊿正：诚。

告子上

孟子曰：『富岁，子弟多赖[①]；凶岁，子弟多暴。非天之降才尔殊也，其所以陷溺其心者然也。今夫麰麦[②]，播种而耰[④]之，其地同，树之时又同，浡然而生，至于日至[④]之时，皆熟矣。虽有不同，则地有肥硗[⑤]，雨露之养、人事之不齐也。故凡同类者，举相似也，何独至于人而疑之？圣人，与我同类者。故龙子曰：「不知足而为屦，我知其不为蒉[⑥]也。」屦之相似，天下之足同也。口之于味，有同耆也，易牙[⑦]先得我口之所耆者也。如使口之于味也，其性与人殊，若犬、马之与我不同类也，则天下何耆皆从易牙之于味也？至于味，天下期于易牙，是天下之口相似也。惟耳亦然。至于声，天下期于师旷，是天下之耳相似也。惟[⑧]目亦然。至于子都[⑨]，天下莫不知其姣也。不知子都之姣者，无目者也。故曰，口之于味也，有同耆焉；耳之于声也，有同听焉；目之于色也，有同美焉。至于心，独无所同然乎？心之所同然者何也？谓理也，义也。圣人先得我心之所同然耳。故理义之悦我心，犹刍豢[⑩]之悦我口。』

孟子曰：『牛山[⑪]之木尝美矣，以其郊[⑫]于大国[⑬]也，斧斤伐之，可以为美乎？是其日夜之所息，雨露之所润，非无萌蘖之生焉，牛羊又从而牧之，是以若彼濯濯[⑭]也。人见其濯濯也，以为未尝有材焉，此岂山之性也哉？虽存乎人者，岂无仁义之心哉？其所以放其良心者，亦犹斧斤之于木也，旦旦而伐之，可以为美乎？其日夜之所息，平旦之气，其好恶与人相近也者几希[⑮]，则其旦昼[⑯]之所为，有[⑰]梏亡之矣。梏之反覆，则其夜气不足以存；夜气不足以存，则其违禽兽不远矣。人见其禽兽也，而以为未尝有才焉者，是岂人之情也哉？故苟得其养，无物不长；苟失其养，无物不消。孔子曰：「操则存，舍则亡；出入无时，莫知其乡[⑱]。」惟心之谓与？』

孟子曰：『无或[⑲]乎王之不智也。虽有天下易生之物也，一日暴[⑳]之，十日寒之，未有能生者也。吾见亦罕矣，吾退而寒之者至矣，吾如有萌焉何哉？今夫弈[㉑]之为数[㉒]，小数也；不专心致志，则不得也。弈秋，通国之善弈者也。

使弈秋诲二人弈，其一人专心致志，惟弈秋之为听。一人虽听之，一心以为鸿鹄[23]将至，思援弓缴[24]而射之，虽与之俱学，弗若之矣。为是其智弗若与？曰，非然也。』

孟子曰：『鱼，我所欲也；熊掌，亦我所欲也。二者不可得兼，舍鱼而取熊掌者也。生，亦我所欲也；义，亦我所欲也。二者不可得兼，舍生而取义者也。生亦我所欲，所欲有甚于生者，故不为苟得也；死亦我所恶，所恶有甚于死者，故患有所不辟也。如使人之所欲莫甚于生，则凡可以得生者，何不用也？使人之所恶莫甚于死者，则凡可以辟患者，何不为也？由是则生而有不用也，由是则可以辟患而有不为也。是故所欲有甚于生者，所恶有甚于死者。非独贤者有是心也，人皆有之，贤者能勿丧耳。一箪食，一豆[25]羹，得之则生，弗得则死，嘑尔[26]而与之，行道之人弗受；蹴尔而与之，乞人不屑也。万钟则不辨礼义而受之，万钟于我何加焉？为宫室之美，妻妾之奉，所识穷乏者得我与？乡[27]为身死而不受，今为宫室之美为之；乡为身死而不受，今为妻妾之奉为之；乡为身死而不受，今为所识穷乏者得我而为之，是亦不可以已乎？此之谓失其本心。』

孟子曰：『仁，人心也；义，人路也。舍其路而弗由，放其心而不知求，哀哉！人有鸡犬放，则知求之；有放心而[28]不知求。学问之道无他，求其放心[29]而已矣。』

孟子曰：『今有无名之指屈而不信[30]，非疾痛害事也；如有能信之者，则不远秦、楚之路，为指之不若人也。指不若人，则知恶之；心不若人，则不知恶。此之谓不知类[31]也。』

孟子曰：『拱把[32]之桐、梓，人苟欲生之，皆知所以养之者。至于身，而不知所以养之者，岂爱身不若桐、梓哉？弗思[33]甚也。』

孟子曰：『人之于身也，兼所爱。兼所爱，则兼所养也。无尺寸之肤不爱焉，则无尺寸之肤不养也。所以考其善不善者，岂有他哉？于己取之而已矣。体有贵贱，有大小。无以小害大，无以贱害贵[34]。养其小者为小人，养其大者为大人。今有场师，舍其梧、槚[35]，养其樲、棘[36]，则为贱场师焉。养其一指而失其肩背，而不知也，则为狼疾[37]人也。饮食之人，则人贱之矣，为其养小以失大也。饮食之人无有失也，则口腹岂适[38]为尺寸之肤哉？」

公都子问曰：「钧[39]是人也，或为大人，或为小人，何也？」

孟子曰：「从其大体为大人，从其小体为小人[40]。」

曰：「钧是人也，或从其大体，或从其小体，何也？」

曰：「耳目之官不思，而蔽于物。物交物，则引之而已矣。心之官则思，思则得之，不思则不得也。此天之所与我[41]者。先立乎其大者，则其小者弗能夺也。此为大人而已矣。」

孟子曰：「有天爵者，有人爵者。仁义忠信，乐善不倦，此天爵也；公卿大夫，此人爵也。古之人修其天爵，而人爵从之。今之人修其天爵，以要人爵；既得人爵，而弃其天爵，则惑之甚者也，终亦必亡而已矣。」

孟子曰：「欲贵者，人之同心也。人人有贵于己者，弗思耳。人之所贵者，非良贵也。赵孟[42]之所贵，赵孟能贱之。《诗》云[43]：『既醉以酒，既饱以德。』言饱乎仁义也，所以不愿[44]人之膏粱[45]之味也；令闻广誉施于身，所以不愿人之文绣[46]也。」

孟子曰：「仁之胜不仁也，犹水胜火。今之为仁者，犹以一杯水救一车薪之火也。不熄，则谓之水不胜火，此又与[47]于不仁之甚者也，亦终必亡而已矣。」

孟子曰：「五谷者，种之美者也；苟为不熟，不如荑[48]、稗。夫仁，亦在乎熟之而已矣。」

孟子曰：「羿之教人射，必志于彀[49]，学者亦必志于彀。大匠诲人，必以规矩，学者亦必以规矩。」

【注释】

①赖：即「懒」，懒惰的意思。②麰麦：大麦。③耰：一种古代的农具。此处用作动词。④日至：夏至。⑤硗：土地贫瘠。⑥蒉：草筐。⑦易牙：人名，名巫，字易牙，齐桓公的宠臣。⑧惟：发语词，无义。⑨子都：古代的美人。⑩刍豢：草食曰刍，牛羊是也；谷食曰豢，犬豕是也。此处泛指家畜。⑪牛山：山名，在齐国都城临淄南面。⑫郊：此处作动词用，即「居其郊」。⑬大国：谓临淄，当时的大都市之一。⑭濯濯：没有草木的样子。⑮几希：不远的意思。⑯旦昼：犹言明天。⑰有：又。⑱乡：通「向」。⑲或：同「惑」。⑳暴：同「曝」，晒。㉑弈：围棋。㉒数：技艺。㉓鸿鹄：天鹅。㉔缴：生丝缕，用它来系在箭上，因此称系着丝线的箭为缴。㉕豆：古代盛汤羹之具。㉖嘑尔：呵斥唾骂。㉗乡：过去，以前。而：同「则」。㉙放心：放其良心，失其本心。㉚信：同「伸」。㉛不知类：朱熹注解为「言不知轻重之等」。㉜拱把：拱，两手合围。把，一手把之。指树木的粗细。㉝弗思：即「不思考」。㉞贵贱大小：朱熹认为：「贱而小者，口腹也；贵而大者，心志也。」㉟梧、槚：梧，梧桐。槚，楸树。㊱樲、棘：樲，酸枣。棘，荆棘。㊲狼疾：同「狼藉」。㊳适：仅仅，不过。㊴钧：同「均」。㊵从其大体为大人，从其小体为小人：这两句与上一章的大者、小者句相同，都是孟子使用的特定概念，不必拘泥于文字。㊶我：此处泛指人类。㊷赵孟：晋国正卿赵盾，字孟，因而其子孙都姓赵孟。㊸《诗》云：此处引《诗经·大雅·既醉》诗句。㊹愿：羡慕。㊺膏粱：膏，肉之肥者。粱，精细而色白的小米。㊻文绣：古代人穿衣服有等级，有爵位的人才能穿有文绣的衣服。㊼与：同。㊽荑：稗子一类的草。㊾彀：拉满弓。

告子下

孟子曰：「五霸[1]者，三王[2]之罪人也；今之诸侯，五霸之罪人也；今之大夫，今之诸侯之罪人也。天子适诸侯曰巡狩，诸侯朝于天子曰述职。春省耕而补不足，秋省敛而助不给。入其疆，土地辟，田野治，养老尊贤，俊杰在位，则有庆③；庆以地。入其疆，土地荒芜，遗老失贤，掊克④在位，则有让。一不朝，则贬其爵；再不朝，则削其地；三不朝，则六师移之。是故天子讨而不伐，诸侯伐而不讨。五霸者，搂诸侯以伐诸侯者也，故曰：五霸者，三王之罪人也。五霸，桓公为盛。葵丘⑤之会，诸侯束牲⑥载书⑦而不歃血⑧。初命曰，诛不孝，无易树子，无以妾为妻。再命曰，尊贤育才，以彰有德。三命曰，敬老慈幼，无忘宾旅。四命曰，士无世官，官事无摄，取士必得⑨，无专杀大夫。五命曰，无曲防⑩，无遏籴，无有封而不告⑪。曰，凡我同盟之人，既盟之后，言归于好。今之诸侯皆犯此五禁，故曰：今之诸侯，五霸之罪人也。长⑫君之恶其罪小，逢君之恶其罪大。今之大夫皆逢君之恶，故曰：今之大夫，今之诸侯之罪人也。』

孟子曰：『舜发于畎亩之中⑬，傅说举于版筑之间⑭，胶鬲举于鱼盐之中⑮，管夷吾举于士⑯，孙叔敖举于海⑰，百里奚举于市⑱。故天将降大任于斯人也，必先苦其心志，劳其筋骨，饿其体肤，空乏其身，行拂乱其所为，所以动心忍性，曾⑲益其所不能。人恒过，然后能改；困于心，衡于虑⑳，而后作；徵于色，发于声，而后喻。入则无法家拂士，出则无敌国外患者㉑，国恒亡。然后知生于忧患而死于安乐也。』

【注释】

①五霸：指春秋时先后称霸的五个诸侯。有多种说法，有两种说法较为符合本文文义，一说是齐桓公、宋襄公、晋文公、秦穆公、楚庄王。一说是齐桓公、晋文公、秦穆公、楚庄王、吴王阖闾。②三王：指夏、商、周三朝的禹、汤、文王和武王。③庆：『赏』的意思。④掊克：聚敛。⑤葵丘：地名，春秋时属于宋国，在今河南兰考。⑥束牲：缚其牲。古代定盟多用牺牲，或杀或不杀。⑦载书：古代的盟约。⑧歃血：用口微吸之。⑨取士必得：『取士必得贤』之意。

⑩曲防：遍筑堤防。曲，遍。防，堤。⑪无有封而不告：无以私恩擅有封赏而不告盟主。⑫长：助长。⑬舜发于畎亩之中：舜曾在历山耕种。⑭傅说举于版筑之间：傅说因筑墙而被举用。参看《史记·殷本记》。⑮胶鬲举于鱼盐之中：胶鬲从鱼盐行业中被举用。⑯管夷吾举于士：管夷吾经狱官之手而被举用。管夷吾，即管仲，春秋初期政治家。士，狱官之长。参看《左传·庄公九年》。⑰孙叔敖：楚国令尹。⑱百里奚举于市：百里奚从交易市场受举用。⑲曾：同『增』。⑳衡于虑：思路被阻塞。㉑入则两句：入，国内。出，国外。拂，假借为『弼』。

尽心上

孟子曰：『尽其心者，知其性也。知其性，则知天矣。存其心，养其性，所以事天也。殀寿不贰，修身以俟之，所以立命也。』

孟子曰：『莫非命也，顺受其正；是故知命者不立于岩墙之下。尽其道而死者，正命也；桎梏死者，非正命也。』

孟子曰：『求则得之，舍则失之，是求有益于得也，求在我者也。求之有道，得之有命，是求无益于得也，求在外者也。』

孟子曰：『万物皆备于我矣。反身而诚，乐莫大焉。强恕而行，求仁莫近焉。』

孟子曰：『行之而不著焉，习矣而不察焉，终身由之而不知其道者，众[1]也。』

孟子曰：『人不可以无耻，无耻之耻，无耻矣。』

孟子曰：『耻之于人大矣，为机变之巧者，无所用耻焉。不耻不若人，何若人有？』

孟子曰：『古之贤王好善而忘势，古之贤士何独不然？乐其道而忘人之势，故王公不致敬尽礼，则不得亟见之。见且由不得亟，而况得而臣之乎？』

孟子谓宋句践②曰：『子好游③乎？吾语子游。人知之，亦嚣嚣④；人不知，亦嚣嚣。』

曰：『何知斯可以嚣嚣矣？』

曰：『尊德乐义，则可以嚣嚣矣。故士穷不失义，达不离道。穷不失义，故士得己⑤焉；达不离道，故民不失望焉。古之人，得志，泽加于民；不得志，修身见于世。穷则独善其身，达则兼善天下。』

孟子曰：『待文王而后兴者，凡民也。若夫豪杰之士，虽无文王犹兴。』

孟子曰：『附⑥之以韩、魏之家⑦，如其自视欿然⑧，则过人远矣。』

孟子曰：『以佚道使民，虽劳不怨。以生道杀民，虽死不怨杀者⑨。』

孟子曰：『霸者之民驩虞⑩如也，王者之民皞皞⑪如也。杀之而不怨，利之而不庸⑫，民日迁善而不知为之者。夫君子所过者化，所存者神，上下与天地同流，岂曰小补之哉？』

孟子曰：『仁言不如仁声⑬之入人深也，善政不如善教之得民也。善政，民畏之；善教，民爱之。善政得民财，善教得民心。』

孟子曰：『人之所不学而能者，其良⑭能也；所不虑而知者，其良知也。孩提之童无不知爱其亲者，及其长也，无不知敬其兄也。亲亲，仁也；敬长，义也；无他，达之天下也。』

孟子曰：『舜之居深山之中，与木石居，与鹿豕游，其所以异于深山之野人者几希；及其闻一善言，见一善行，若决江河，沛然莫之能御也。』

孟子曰：『无为其所不为，无欲其所不欲，如此而已矣。』

孟子曰：『人之有德、慧、术、知⑮者，恒存乎疢疾⑯。独孤臣孽子⑰，其操心也危⑱，其虑患也深，故达⑲。』

孟子曰：『有事君人者，事是君则为容悦者也；有安社稷臣者，以安社稷为悦者也；有天民者，达可行于天下而后行之者也；有大人者，正己而物正者也。』

孟子曰：『君子有三乐，而王天下不与存焉。父母俱存，兄弟无故，一乐也；仰不愧于天，俯不怍[20]于人，二乐也；得天下英才而教育之，三乐也。君子有三乐，而王天下不与存焉。』

孟子曰：『广土众民，君子欲之，所乐不存焉；中天下而立，定四海之民，君子乐之，所性不存焉。君子所性，虽大行[21]不加焉，虽穷居不损焉，分定故也。君子所性，仁、义、礼、智根于心，其生色也睟然[22]，见于面，盎[23]于背，施于四体，四体不言而喻。』

孟子曰：『伯夷辟纣，居北海之滨，闻文王作，兴曰：「盍归乎来，吾闻西伯善养老者。」太公辟纣，居东海之滨，闻文王作，兴曰：「盍归乎来，吾闻西伯善养老者。」天下有善养老，则仁人以为己归矣。五亩之宅，树墙下以桑，匹妇蚕之，则老者足以衣帛矣。五母鸡，二母彘，无失其时，老者足以无失肉矣。百亩之田，匹夫耕之，八口之家足以无饥矣。所谓西伯善养老者，制其田里，教之树畜，导其妻子使养其老。五十非帛不暖，七十非肉不饱。不暖不饱，谓之冻馁。文王之民无冻馁之老者，此之谓也。』

【注释】

①众：众庶。②宋句践：人名，姓宋名句践。③游：游说。④嚣嚣：自得无欲的样子。⑤得已：自得。⑥附：增强、增益。⑦韩、魏之家：大夫曰『家』。此处指春秋时晋国的韩氏、魏氏两家大臣。⑧欿然：不自满，视盈若虚的样子。⑨以生道杀民两句：朱熹注引程子曰：『以生道杀民，谓本欲生之地，除害去恶之类是也。盖不得已而为其所当为，则虽弗民之欲，而民不怨。』⑩驩虞：欢娱。⑪皞皞：广大自得的样子。⑫庸：此处用作动词，『酬谢』的意思。

⑬仁言、仁声：朱熹注云：『仁言，谓以仁厚之言加于民；仁声，谓仁闻，谓有仁之实而为众所称道者也。』⑭良：本能的、天然的。⑮德、慧、术、知：德行、智慧、道术、才智。⑯疢疾：灾患。⑰孤臣孽子：孤臣，被疏远的臣属。孽子，非嫡妻所生的庶子。⑱危：不安。⑲达：达于事理。⑳怍：惭愧。㉑大行：远大的理想，正确的行为。㉒睟然：颜色润泽。㉓盎：显现。

孟子曰：『易其田畴㉔，薄其税敛，民可使富也。食之以时，用之以礼，财不可胜用也。民非水火不生活，皆暮叩人之门户求水火，无弗与者，至足矣。圣人治天下，使有菽粟如水火。菽粟如水火，而民焉有不仁者乎？』

孟子曰：『孔子登东山㉕而小鲁，登泰山而小天下。故观于海者难为水，游于圣人之门者难为言。观水有术，必观其澜。日月有明，容光㉖必照焉。流水之为物也，不盈科不行；君子之志于道也，不成章㉗不达。』

孟子曰：『鸡鸣而起，孳孳㉘为善者，舜之徒也；鸡鸣而起，孳孳为利者，跖之徒也。欲知舜与跖之分，无他，利与善之间㉙也。』

孟子曰：『杨子取㉚为我，拔一毛而利天下，不为也。墨子兼爱，摩顶放踵㉛利天下，为之。子莫㉜执中。执中为近之。执中无权，犹执一也。所恶执一者，为其贼道也，举一而废百也。』

孟子曰：『饥者甘食，渴者甘饮，是未得饮食之正也，饥渴害之也。岂惟口腹有饥渴之害？人心亦皆有害。人能无以饥渴之害为心害，则不及人不为忧矣。』

孟子曰：『柳下惠不以三公易其介㉝。』

孟子曰：『有为者辟若掘井，掘井九轫㉞而不及泉，犹为弃井也。』

孟子曰：『尧舜，性之也；汤武，身之也；五霸，假之也。久假而不归，恶知其非有也？』

公孙丑曰：『伊尹曰：「予不狎于不顺，放太甲于桐[35]，民大悦。太甲贤，又反之，民大悦。」贤者之为人臣也，其君不贤，则固可放与？』

孟子曰：『有伊尹之志，则可；无伊尹之志，则篡也。』

公孙丑曰：『《诗》曰：「不素餐兮。」[36]君子之不耕而食，何也？』

孟子曰：『君子居是国也，其君用之，则安富尊荣；其子弟从之，则孝悌忠信。「不素餐兮」，孰大于是？』

王子垫[37]问曰：『士何事？』

孟子曰：『尚志。』

曰：『何谓尚志？』

曰：『仁义而已矣。杀一无罪非仁也，非其有而取之非义也。居恶在？仁是也；路恶在？义是也。居仁由义，大人之事备矣。』

孟子曰：『仲子[38]，不义与之齐国而弗受，人皆信之，是舍箪食豆羹之义也。人莫大焉亡亲戚、君臣、上下。以其小者信其大者，奚可哉？』

桃应[39]问曰：『舜为天子，皋陶为士，瞽瞍杀人，则如之何？』

孟子曰：『执之而已矣。』

『然则舜不禁与？』

曰：『夫舜恶得而禁之？夫有所受之也。』

『然则舜如之何？』

曰：『舜视弃天下犹弃敝蹝[40]也。窃负而逃，遵海滨而处，终身訢[41]然，乐而忘天下。』

孟子自范[42]之齐，望见齐王之子，喟然叹曰：『居移气，养移体，大哉居乎！夫非尽人之子与？』

孟子曰：『王子宫室、车马、衣服多与人同，而王子若彼者，其居使之然也；况居天下之广居[43]者乎？鲁君之宋，呼于垤泽之门[44]。守者曰：「此非吾君也，何其声之似我君也？」此无他，居相似也。』

孟子曰：『食而弗爱，豕交之也；爱而不敬，兽畜之也。恭敬者，币之未将[45]者也。恭敬而无实，君子不可虚拘。』

孟子曰：『形色，天性也；惟圣人然后可以践形。』

孟子曰：『是犹或𬘭具兄之臂，子谓之姑徐徐云尔，亦[46]教之孝悌而已矣。』

王子有其母死者，其傅为之请数月之丧。公孙丑曰：『若此者何如也？』

曰：『是欲终之而不可得也。虽加一日愈于已，谓夫莫之禁而弗为者也。』

孟子曰：『君子之所以教者五：有如时雨化之者，有成德者，有达财[47]者，有答问者，有私淑艾[48]者。此五者，君子之所以教也。』

公孙丑曰：『道则高矣，美矣，宜若登天然，似不可及也；何不使彼为可几及而日孳孳也？』

孟子曰：『大匠不为拙工改废绳墨，羿不为拙射变其彀率。君子引而不发，跃如也。中道而立，能者从之。』

孟子曰：『天下有道，以道殉身[49]；天下无道，以身殉道[50]；未闻以道殉乎人[51]者也。』

公都子曰：『滕更[52]之在门也，若在所礼，而不答，何也？』

孟子曰：『挟贵而问，挟贤而问，挟长而问，挟有勋劳而问，挟故而问，皆所不答也。滕更有二焉。』

孟子曰：『于不可已而已者，无所不已。于所厚者薄，无所不薄也。其进锐者，其退速。』

孟子曰：『君子之于物也，爱之而弗仁；于民也，仁之而弗亲。亲亲而仁民，仁民而爱物。』

孟子曰：『知者无不知也，当务之为急；仁者无不爱也，急亲贤之为务。尧舜之知而不遍物，急先务也；尧舜之仁不遍爱人，急亲贤也。不能三年之丧，而缌[53]小功[54]之察；放饭流歠[55]，而问无齿决[56]，是之谓不知务。』

【注释】

㉔易其田畴：易，治。田畴，田地。㉕东山：即蒙山，在今山东蒙阴县南。㉖容光：缝隙。㉗成章：形成一定规模。㉘孳孳：勤勉不懈。㉙间：差别。㉚取：朱熹认为：取者，仅足之意。取为我者，仅足于为我而已。㉛摩顶放踵：从头顶到脚跟磨伤。形容不畏劳苦。㉜子莫：鲁国的贤人。㉝介：节操。㉞轫：同『仞』。古代以七尺为仞。㉟放太甲于桐：把太甲放逐到桐邑。㊱不素餐兮：引自《诗经·魏风·伐檀》。㊲王子垫：齐王子，名垫。㊳仲子：陈仲子，齐人。㊴桃应：孟子弟子。㊵蹝：没有脚跟的鞋子。㊶䜣：同『欣』。㊷范：地名，故城在今山东范县东南，是梁（魏）、齐之间的要道。㊸广居：指『仁』。㊹垤泽之门：宋东城南门。㊺将：送。㊻亦：但，只。㊼财：同『材』。㊽私淑艾：私下获取。㊾以道殉身：意为『道』为己所用。㊿以身殉道：朱熹认为：『道屈则身在必退，以死相从而不离也。』51以道殉乎人：意为是不惜把『道』歪曲以逢迎当世王侯。52滕更：滕君之弟，曾学于孟子。53缌：细麻布。五种孝服中最轻的一种，为期三个月，如女婿为岳父母戴孝。54小功：五种孝服中次轻的一种，为期五个月，如外孙为外祖父母戴孝。55放饭流歠：大吃大喝。56齿决：用牙咬断。

尽心下

孟子曰：『不仁哉梁惠王也！仁者以其所爱及其所不爱，不仁者以其所不爱及其所爱。』

公孙丑问曰：『何谓也？』

「梁惠王以土地之故，糜烂其民而战之，大败，将复之，恐不能胜，故驱其所爱子弟以殉之，是之谓以其所不爱及其所爱也。」

孟子曰：「春秋无义战。彼善于此，则有之矣。征者，上伐下也。敌国不相征也。」

孟子曰：「尽信《书》，则不如无《书》。吾于《武成》[1]，取二三策[2]而已矣。仁人无敌于天下，以至仁伐至不仁[3]，而何其血之流杵也？」

孟子曰：「有人曰：『我善为陈[4]，我善为战。』大罪也。国君好仁，天下无敌焉。南面而征，北狄怨；东面而征，西夷怨，曰：『奚为后我？』武王之伐殷也，革车三百两，虎贲三千人。王曰：『无畏！宁尔也，非敌百姓也。』若崩厥角[5]稽首。征之为言正也，各欲正己也，焉用战？」

孟子曰：「梓匠轮舆能与人规矩，不能使人巧。」

孟子曰：「舜之饭糗[6]茹草也，若将终身焉；及其为天子也，被袗衣[7]，鼓琴，二女果[8]，若固有之。」

孟子曰：「吾今而后知杀人亲之重也：杀人之父，人亦杀其父；杀人之兄，人亦杀其兄。然则非自杀之也，一间[9]耳。」

孟子曰：「古之为关也，将以御暴；今之为关也，将以为暴。」

孟子曰：「身不行道，不行于妻子；使人不以道，不能行于妻子。」

孟子曰：「周[10]于利者凶年不能杀[11]，周于德者邪世不能乱。」

孟子曰：「好名之人能让千乘之国，苟非其人，箪食豆羹见于色。」

孟子曰：「不信仁贤，则国空虚；无礼义，则上下乱；无政事，则财用不足。」

孟子曰：「不仁而得国者，有之矣；不仁而得天下者，未之有也。」

孟子曰：「民为贵，社稷次之，君为轻。是故得乎丘民⑫而为天子，得乎天子为诸侯，得乎诸侯为大夫。诸侯危社稷，则变置。牺牲既成，粢盛既洁，祭祀以时，然而旱乾水溢，则变置社稷。」

孟子曰：「圣人，百世之师也，伯夷、柳下惠是也。故闻伯夷之风者，顽夫廉，懦夫有立志；闻柳下惠之风者，薄夫敦，鄙夫宽。奋乎百世之上，百世之下，闻者莫不兴起也。非圣人而能若是乎？——而况于亲炙之者乎？」

孟子曰：「仁也者，人也⑬。合而言之，道也。」

孟子曰：「孔子之去鲁，曰：「迟迟吾行也，去父母国之道也。」去齐，接淅而行——去他国之道也。」

孟子曰：「君子之戹于陈、蔡之间⑭，无上下之交也。」

貉稽⑮曰：「稽大不理⑯于口。」

孟子曰：「无伤也。士憎兹多口。《诗》云：「忧心悄悄，愠于群小⑰。」孔子也。「肆不殄厥愠，亦不陨厥问⑱。」文王也。」

孟子曰：「贤者以其昭昭，使人昭昭，今以其昏昏，使人昭昭。」

孟子谓高子曰：「山径之蹊⑲，间介然⑳用之而成路；为间㉑不用，则茅塞之矣。今茅塞子之心矣。」

高子曰：「禹之声尚文王之声。」

孟子曰：「何以言之？」

曰：「以追蠡㉒。」

曰：「是奚足哉？城门之轨，两马㉓之力与？」

齐饥。陈臻曰：「国人皆以夫子将复为发棠㉔，殆不可复。」

孟子曰：『是为冯妇㉕也。晋人有冯妇者，善搏虎，卒为善士。则之野，有众逐虎。虎负嵎，莫之敢撄㉖。望见冯妇，趋而迎之。冯妇攘臂下车。众皆悦之，其为士者笑之。』

孟子曰：『口之于味也，目之于色也，耳之于声也，鼻之于臭㉗也，四肢之于安佚也，性也，有命焉，君子不谓性也。仁之于父子也，义之于君臣也，礼之于宾主也，知之于贤者也，圣人之于天道也，命也，有性焉，君子不谓命也。』

【注释】

①《武成》：《尚书》篇名。今存《武成》篇是伪古文。②策：竹简。③以至仁伐至不仁：至仁，指周武王。至不仁，指商纣王。④陈：今作『阵』，列阵。⑤厥角：顿首。厥，顿。角，额角。⑥糗：干饭。⑦袗衣：画衣。袗，通珍。⑧果：亦作『婐』，女侍。⑨一间：相距甚近。⑩周：足。⑪杀：缺乏。⑫丘民：田野之民。⑬仁也者，人也：意为『只要有两个人在一起，就不能不有仁。而仁也只能在人与人之间产生。』⑭君子之戹于陈、蔡之间：指孔子在陈、蔡被困事。详见《论语·卫灵公》。⑮貉稽：人名，姓貉，名稽。⑯理：顺。⑰『忧心』两句：引《诗经·邶风·柏舟》诗句。⑱『肆不殄』两句：引《诗经·大雅·緜》诗句。⑲蹊：朱熹注：『蹊，人行处也。』⑳介然：专一而不旁骛。㉑为间：为时不久。㉒追蠡：追，钟钮，是古钟悬挂之处。蠡，欲绝之貌。㉓两马：指少量的马。㉔发棠：发，开仓廪。棠，地名，在今山东青岛即墨区南。㉕冯妇：人名，姓冯，名妇。㉖撄：迫近。㉗臭：气味。

浩生不害㉘问曰：『乐正子何人也？』

孟子曰：『善人也，信人也。』

『何谓善？何谓信？』

曰：『可欲之谓善，有诸己之谓信，充实之谓美，充实而有光辉之谓大，大而化之之谓圣，圣而不可知之之谓神。

乐正子，二之中，四之下也。』

孟子曰：『逃墨必归于杨，逃杨必归于儒。归，斯受之而已矣。今之与杨、墨辩者，如追放豚，既入㉙其苙㉚，又从而招㉛之。』

孟子曰：『有布缕之征，粟米之征，力役之征。君子用其一，缓其二。用其二而民有殍，用其三而父子离。』

孟子曰：『诸侯之宝三：土地、人民、政事。宝珠玉者，殃必及身。』

盆成括㉜仕于齐，孟子曰：『死矣盆成括！』

盆成括见杀，门人问曰：『夫子何以知其将见杀？』

曰：『其为人也小有才，未闻君子之大道也，则足以杀其躯而已矣。』

孟子之滕，馆于上宫㉝。有业屦㉞于牖上，馆人求之弗得。或问之曰：『若是乎从者之廋㉟也？』

曰：『子以是为窃屦来与？』

曰：『殆非也。夫子之设科也，往者不追，来者不拒。苟以是心至，斯受之而已矣。』

孟子曰：『人皆有所不忍，达之于其所忍，仁也；人皆有所不为，达之于其所为，义也。人能充无欲害人之心，而仁不可胜用也；人能充无穿逾之心，而义不可胜用也；人能充无受尔汝之实㊱，无所往而不为义也。士未可以言而言，是以言餂㊲之也；可以言而不言，是以不言餂之也，是皆穿逾之类也。』

孟子曰：『言近而指远者，善言也；守约而施博者，善道也。君子之言也，不下带而道存焉；君子之守，修其身而天下平。人病舍其田而芸人之田——所求于人者重，而所以自任者轻。』

孟子曰：『尧舜，性者也；汤武，反之也。动容周旋中礼者，盛德之至也。哭死而哀，非为生者也。经德不回㊳，非以干禄也。言语必信，非以正行也。君子行法，以俟命而已矣。」

孟子曰：「说大人，则藐之，勿视其巍巍然。堂高[39]数仞，榱题[40]数尺，我得志，弗为也。食前方丈，侍妾数百人，我得志，弗为也。般乐饮酒，驱骋田猎，后车千乘，我得志，弗为也。在彼者，皆我所不为也；在我者，皆古之制也。吾何畏彼哉？」

曾皙嗜羊枣[41]，而曾子不忍食羊枣。公孙丑问曰：「脍炙[42]与羊枣孰美？」

孟子曰：「脍炙哉！」

公孙丑曰：「然则曾子何为食脍炙而不食羊枣？」

曰：「脍炙所同也，羊枣所独也。讳名不讳姓，姓所同也，名所独也。」

万章问曰：「孔子在陈曰：'盍归乎来！吾党之小子狂简，进取，不忘其初。'孔子在陈，何思鲁之狂士？」

孟子曰：「孔子'不得中道而与之，必也狂狷[43]乎！狂者进取，狷者有所不为也'。孔子岂不欲中道哉？不可必得，故思其次也。」

「敢问何如斯可谓狂矣？」

曰：「如琴张[44]、曾皙、牧皮[45]者，孔子之所谓狂矣。」

「何以谓之狂也？」

曰：「其志嘐嘐[46]然，曰：'古之人，古之人。'夷考其行，而不掩焉者也。狂者又不可得，欲得不屑不絜之士而与之，是狷也，是又其次也。孔子曰：'过我门而不入我室，我不憾焉者，其惟乡原[47]乎！乡原，德之贼也。'」

曰：「何如斯可谓之乡原矣？」

曰：『「何以是嘐嘐也？言不顾行，行不顾言，则曰，古之人，古之人。行何为踽踽凉凉㊽？生斯世也，为斯世也，善斯可矣。」阉然媚于世也是，是乡原也。』

万章曰：『一乡皆称原人焉，无所往而不为原人，孔子以为德之贼，何哉？』

曰：『非之无举也，刺之无刺也，同乎流俗，合乎污世，居之似忠信，行之似廉洁，众皆悦之，自以为是，而不可与人尧舜之道，故曰「德之贼」也。孔子曰：恶似而非者：恶莠㊾，恐其乱苗也；恶佞，恐其乱义也；恶利口，恐其乱信也；恶郑声，恐其乱乐也；恶紫，恐其乱朱也；恶乡原，恐其乱德也。君子反经㊿而已矣。经正，则庶民兴；庶民兴，斯无邪慝(51)矣。』

孟子曰：『由尧舜至于汤，五百有余岁；若禹、皋陶，则见而知之；若汤，则闻而知之。由汤至于文王，五百有余岁，若伊尹、莱朱(52)，则见而知之；若文王，则闻而知之。由文王至于孔子，五百有余岁，若太公望，散宜生(53)，则见而知之；若孔子，则闻而知之。由孔子而来至于今，百有余岁，去圣人之世若此其未远也，近圣人之居若此其甚也，然而无有乎尔，则亦无有乎尔。』

【注释】

㉘浩生不害：人名，姓浩生，名不害，齐国人。㉙入：同『纳』。㉚苙：养牲畜的栏。㉛招：捆绑。㉜盆成括：人名，姓盆成，名括。㉝上宫：前人有多种解释：别宫名称、楼、上等馆舍等。㉞业屦：未织成的草鞋。㉟庾：隐匿。㊱无受尔汝之实：不受轻贱的言语行为。㊲餂：获取。㊳经德不回：经，行。回，同『违』。㊴堂高：殿堂的基础。㊵榱题：屋檐。㊶羊枣：一种果实名，嫁接成为柿子。㊷脍炙：肉细切剁碎叫脍。炙，烧肉。㊸狷：狷介，性情正直，

不同流合污。㊹琴张：名牢，字子张。㊺牧皮：人名，不详。㊻嘐嘐：赵岐注：志大言大者也。㊼乡原：可理解为『好好先生』。㊽踽踽凉凉：踽踽，独行不进貌。凉凉，不见亲厚于人。㊾莠：狗尾草。㊿反经：归于经常。51慝：奸邪。52莱朱：汤的贤臣。53散宜生：文王四臣之一。

《荀子》

劝学第一

积土成山，风雨兴焉①；积水成渊，蛟龙生焉②；积善成德，而神明自得，圣心备焉③。故不积跬步，无以至千里；不积小流，无以成江海④。骐骥一跃，不能十步⑤；驽马十驾，功在不舍⑥。锲而舍之，朽木不折⑦；锲而不舍，金石可镂⑧。螾无爪牙之利、筋骨之强，上食埃土，下饮黄泉，用心一也⑨；蟹八跪而二螯，非蛇、蟺之穴无可寄托者，用心躁也⑩。是故无冥冥之志者，无昭昭之明；无惛惛之事者，无赫赫之功⑪。行衢道者不至，事两君者不容⑫。目不能两视而明。耳不能两听而聪。螣蛇无足而飞，鼫鼠五技而穷⑬。《诗》曰：『尸鸠在桑，其子七兮；淑人君子，其仪一兮；其仪一兮，心如结兮⑭。』故君子结于一也。

昔者瓠巴鼓瑟而沈鱼出听，伯牙鼓琴而六马仰秣⑮。故声无小而不闻，行无隐而不形⑯。玉在山而草木润，渊生珠而崖不枯⑰。为善不积邪，安有不闻者乎⑱？

【注释】

①这句意思是：土堆积起来成了山，风雨就从这里发生了。古代有山吐云纳雾的说法。因此认为风雨是从山中形成的。荀况借此说明只要坚持不懈，专心一意，就能有所作为。②这句意思是：聚集许多流水便成为深渊，蛟龙就从这里产生了。③神明：最高的智慧。自得：自然达到。④跬：半步。⑤骐骥：千里马，传说能日行千里。⑥驽：

劣马。驾：一天的行程。十驾：十天的路程。功：成功。舍：放弃。⑦锲：用刀子刻。⑧镂：雕刻。⑨螾：同蚓，即『蚯蚓』。埃土：尘土。黄泉：地下的泉水。⑩八跪：八足。原为『六跪』，蟹实有八足。螯：螃蟹身上如同钳形的爪子。蟺：同鳝，即『鳝鱼』。躁：浮躁，不专心。⑪冥冥：幽暗，这里比喻埋头苦干。下文『惛惛』的意思与此同。昭昭：显著。赫赫：巨大。⑫衢：十字路，这里指歧路。这句意思是：在歧途上徘徊不定的人是达不到目的地的，同时侍奉两个君主的人，任何一方都不会容纳他。⑬螣蛇：古时传说一种能飞的蛇。鼫鼠：原为『梧鼠』，据《大戴礼记》改。一种形状像兔的鼠类。据说它有五种技能，但都不能一心一意做到底。所以，它能飞不能上屋，能爬树不能爬到树顶，能游泳不能渡过山涧，能打洞不能掩身，能走不能走在别的动物前头。穷：穷困，没有办法。⑭尸鸠：布谷鸟。据说这种鸟在桑树上哺育七只小鸟，早晨从上而下喂它们，傍晚又从下而上喂它们，天天如此，从不间断。淑人：善人。仪：仪表、举止，这里指行动。一：专一。结：凝结，这里是坚定的意思。这首诗的意思是：『布谷鸟居住在桑树上，一心一意将七只小鸟哺育；那善良的君子，行动要专一不邪；行动专一不邪啊，意志才能坚定不变。』（见《诗经·曹风·尸鸠》）⑮瓠巴：传说是古代擅长弹瑟的人。沈：同沉，原为『流』，据《礼记》引文改。伯牙：传说古代善于弹琴的人。六马：古代天子用六匹马驾车。秣：饲料。⑯这句意思是：所以，声音不管多么小，总会被人听见。行动不管多么隐蔽，也总会显露出来。⑰不枯：不枯燥，这里指有色彩。⑱邪：疑问词，『吧』的意思。这句意思是：大概是没有不断地积聚善行吧，如果积累了，哪里会不为人们所知道的呢？

修身第二

见善，修然必以自存也①；见不善，愀然必以自省也②；善在身，介然必以自好也③；不善在身，菑然必以自恶也④。故非我而当者，吾师也⑤；是我而当者，吾友也；谄谀我者，吾贼也⑥。故君子隆师而亲友，以致恶其贼⑦。好善无厌，受谏而能诫，虽欲无进，得乎哉[8]？小人反是，致乱，而恶人之非己也[9]；致不肖，而欲人之贤己也；心如虎狼，行如禽兽，而又恶人之贼己也[10]。谄谀者亲，谏争者疏，修正为笑，至忠为贼，虽欲无灭亡，得乎哉[11]？《诗》曰：『噏噏呰呰，亦孔之哀。谋之其臧，则具是违；谋之不臧，则具是依[12]。』此之谓也。

扁善之度：以治气养生，则身后彭祖；以修身自强，则名配尧、禹[13]。宜于时通，利以处穷，礼信是也[14]。凡用血气、志意、知虑，由礼则治通，不由礼则勃乱提僈[15]；食饮、衣服、居处、动静，由礼则和节，不由礼则触陷生疾[16]；容貌、态度、进退、趋行，由礼则雅，不由礼则夷固僻违，庸众而野[17]。故人无礼则不生，事无礼则不成，国家无礼则不宁。《诗》曰：『礼仪卒度，笑语卒获[18]。』此之谓也。

以善先人者谓之教，以善和人者谓之顺；以不善先人者谓之谄，以不善和人者谓之谀[19]。是是、非非谓之知；非是、是非谓之愚[20]。伤良曰谗，害良曰贼[21]。是谓是、非谓非曰直。窃货为盗，匿行曰诈，易言曰诞，趣舍无定谓之无常，保利弃义谓之至贼[22]。多闻曰博，少闻曰浅；多见曰闲，少见曰陋[23]。难进曰偍，易忘曰漏[24]。少而理曰治，多而乱曰秏[25]。

治气、养心之术：血气刚强，则柔之以调和[26]；知虑渐深，则一之以易良[27]；勇毅猛戾，则辅之以道顺[28]；齐给便利，则节之以动止[29]；狭隘褊小，则廓之以广大[30]；卑湿重迟贪利，则抗之以高志[31]；庸众驽散，则劫之以师友[32]；怠慢僄弃，则炤之以祸灾[33]；愚款端悫，则合之以礼乐，通之以思索[34]。凡治气、养心之术，莫径由礼，莫要得师，莫神一好[35]。夫是之谓治气、养心之术也。

志意修则骄富贵，道义重则轻王公；内省而外物轻矣[36]。传曰：『君子役物，小人役于物[37]。』此之谓矣。身劳而心安，为之；利少而义多，为之；事乱君而通，不如事穷君而顺焉[38]。故良农不为水旱不耕，良贾不为折阅不市，士君子不为贫穷怠乎道㊴。

体恭敬而心忠信，术礼义而情爱人，横行天下，虽困四夷，人莫不贵㊵；劳苦之事则争先，饶乐之事则能让，端悫诚信，拘守而详，横行天下，虽困四夷，人莫不任㊶。体倨固而心势诈，术顺墨而精杂污，横行天下，虽达四方，人莫不贱㊷；劳苦之事则偷儒转脱，饶乐之事则佞兑而不曲，辟违而不悫，程役而不录，横行天下，虽达四方，人莫不弃㊸。

行而供翼，非渍淖也㊹；行而俯项，非击戾也㊺。偶视而先俯，非恐惧也㊻；然夫士欲独修其身，不以得罪于比俗之人也㊼。

【注释】

①善：指符合地主阶级道德标准的优良品行。修然：认真进行整顿的样子。存：省察，检查。②愀然：忧虑恐惧的样子。省：反省。③介然：意志坚定的样子。好：喜好、珍视。④菑：同缁，黑色，引申为污染的意思。菑然：被玷污的样子。恶：厌恶，抛弃。⑤非：否定，批评。当：恰当，正确。⑥谄谀：奉承拍马。贼：害。下同。吾贼也：害我的人。⑦隆：尊崇。致：最、极。⑧厌：满足。受谏：接受规劝。诫：警诫。得乎哉：能够吗？⑨小人：品德卑劣的人，指那些违背封建礼义的人。乱：暴乱。致乱：胡作非为。⑩不肖：不贤。贤己：说自己贤。贼己：说自己坏。⑪修正为笑：把纠正自己错误的话，当作讥笑自己。至忠为贼：把规劝自己的极其忠诚的话，当作陷害自己。⑫噏噏：相附和。呰呰：相诋毁。孔：甚，很。谋：主意，意见。臧：好。具：同俱，都。⑬扁：通遍，普遍、全面。度：法则。扁善之度：处处都能合于道德的法则。治气养生：调理血气，保养身体。彭祖：古代传说中最长寿的人。身后彭祖：寿命可追随于彭祖之后；『身』字原无，据文义和《韩诗外传》引文补。尧、禹：都是传说中古代原始社会部落的首领。⑭礼：地主阶级的等级制度、道德规范和礼节仪式。信：信用。⑮由：遵循。勃：同悖，荒谬。勃乱：

谬误错乱。提：松弛。僈：通慢。提僈：懈怠。⑯和节：协调，合适。触陷生疾：意思是一举一动随时都会发生毛病。⑰雅：文雅。夷固：傲慢。僻违：偏邪不正。庸众而野：庸俗粗野。⑱卒：完全。获：得当。⑲先：引导。和：附和，响应。⑳是是：肯定正确的。非非：否定错误的。知：同智，聪明。㉑谗：用言语攻击人，陷害人。㉒匿：隐瞒。易言：说话不慎重、不诚实。诞：欺诈。趣：同趋，向往。舍：放弃。趣舍：赞成和反对。㉓闲：宽大，博大。陋：浅陋。㉔难进：不易前进。偍：迟缓。漏：遗漏。㉕理：有条理。秏：通眊，昏乱。㉖治气：调理血气，这里指人的性情。治气养心之术：调理性情，培养正确思想的方法。柔之以调和：用心平气和来改变它。㉗渐：通潜。渐深：这里指思想深沉而不明朗。易：坦率。良：通谅，忠直。一之以易良：用坦率忠直来要求他。㉘勇毅：原为勇胆，据《韩诗外传》引文改。猛戾：凶暴。辅：辅助。道：同导。顺：通训。道顺：训导。㉙齐给便利：敏捷轻快，这里指行动不慎重。节：节制。动止：指该动时动，该止时止。㉚褊小：指气量狭小。廓：开阔。㉛卑湿：卑下。重迟：迟钝。抗：通亢，高傲，这里是激发的意思。㉜驽散：才能低下而又散漫。劫：劫持，这里是改造的意思。㉝僄：轻浮。弃：自暴自弃。炤：同照，通昭，使明白。㉞愚款：单纯朴实。端悫：诚实忠厚。合：使符合。通：开导。通之以思索：一说为衍文。㉟径：直路，指捷径。㊱志意：志向。修：好，完美。骄：傲视。轻：藐视。王公：这里指有高等爵位的贵族。内省：从内心反省，这里指注重思想修养。㊲君子：指具有封建道德品质的人。小人：指那些违背封建礼义的人。役物：支配外物。役于物：受外物的支配。㊳通：通达，这里指得到显赫的地位。穷君：小国困穷的君主。顺：顺利，这里指自己的治国主张能够推行。㊴折阅：亏损。市：指做买卖。怠乎道：不严格遵守正道。㊵体：身体，这里是力行的意思。人：通仁。情爱人：性情仁爱。横：通广。横行：走遍。夷：古代统治阶级对少数民族的诬蔑称呼。四夷：泛指四方边远地区。㊶饶乐：富足，享乐。拘守而详：谨守法度，明察事理。任：信任。㊷倨：傲慢。固：

固执。心势诈：指心地险诈。顺：通慎，指慎到。墨：指墨翟，战国时墨家创始人。术顺墨：遵循慎到、墨翟的学说。精：通情，即性情。杂污：肮脏。贱：鄙视。㊸偷儒：偷懒怕事。转脱：取巧逃避。佞：口才伶俐。兑同锐，行动敏捷。曲：委曲，宛转。不曲：直取，指毫不谦让。饶乐之事则佞兑而不曲：意思是，对于富贵享乐的事情就恣意夺取，毫不谦让。辟通僻，邪。程役：通逞欲，一味追求个人的欲望。录：通逮，谨慎。㊹供：同恭。翼：敬。渍淖：陷在烂泥里。㊺俯项：低头。击戾：碰撞着东西。㊻偶视而先俯：两人相见，先俯身行礼。㊼比俗：普通人。

夫骥一日而千里，驽马十驾则亦及之矣㊽。将以穷无穷、逐无极与㊾？其折骨、绝筋终身不可以相及也；将有所止之，则千里虽远，亦或迟、或速；或先、或后；胡为乎其不可以相及也㊿！不识步道者，将以穷无穷、逐无极与？意亦有所止之与[51]？夫『坚白』『同异』『有厚无厚』之察，非不察也，然而君子不辩，止之也[52]；倚魁之行，非不难也，然而君子不行，止之也[53]。故学曰：『迟彼止而待我，我行而就之，则亦或迟、或速、或先、或后，胡为乎其不可以同至也[54]？』故跬步而不休，跛鳖千里；累土而不辍，丘山崇成；厌其源，开其渎，江河可竭；一进一退，一左一右，六骥不致[55]。彼人之才性之相县也，岂若跛鳖之与六骥足哉[56]？然而跛鳖致之，六骥不致，是无他故焉，或为之或不为尔！道虽迩，不行不至；事虽小，不为不成[57]。其为人也多暇日者，其出入不远矣[58]。

好法而行，士也；笃志而体，君子也；齐明而不竭，圣人也[59]。人无法则伥伥然，有法而无志其义则渠渠然，依乎法而又深其类，然后温温然[60]。

礼者，所以正身也；师者，所以正礼也[61]。无礼，何以正身？无师，吾安知礼之为是也[62]？礼然而然，则是情安礼也；师云而云，则是知若师也[63]。情安礼，知若师，则是圣人也。故非礼，是无法也；非师，是无师也[64]。不是师法，而好自用，譬之是犹以盲辨色，以聋辩声也，舍乱妄无为也[65]。故学也者，礼法也；夫师以身为正仪，而贵自安者也[66]。《诗》云：

『不识不知，顺帝之则[67]。』此之谓也。

端悫顺弟，则可谓善少者矣；加好学逊敏焉，则有钧无上，可以为君子者矣[68]。偷儒惮事，无廉耻而嗜乎饮食，则可谓恶少者矣[69]；加惕悍而不顺，险贼而不弟焉，则可谓不详少者矣；虽陷刑戮可也[70]。

老老，而壮者归焉[71]；不穷穷，而通者积焉[72]；行乎冥冥而施乎无报，而贤、不肖一焉[73]。人有此三行，虽有大过，天其不遂乎[74]。

君子之求利也略，其远害也早，其避辱也惧，其行道理也勇[75]。

君子贫穷而志广，富贵而体恭，安燕而血气不惰，劳勌而容貌不枯，怒不过夺，喜不过予[76]。君子贫穷而志广，隆仁也；富贵而体恭，杀势也[77]；安燕而血气不惰，柬理也[78]；劳勌而容貌不枯，好文也[79]；怒不过夺，喜不过予，是法胜私也。《书》曰：『无有作好，遵王之道；无有作恶，遵王之路[80]。』此言君子之能以公义胜私欲也[81]。

【注释】

㊽骥：好马。驽马十驾：劣马走十天的路程。及：达到。㊾穷：穷尽。逐：追逐。㊿其：指好马和劣马。止：止境，范围。将有所止之：要是有个范围。胡：何。51识：知，了解。步道者：行路的人。意：通抑，或者。

52坚白：即『离坚白』，战国时名家公孙龙的一个重要命题。公孙龙曾拿一块石头为例，论证坚硬和白色两种属性是各自独立的，不能同时都是石的属性，以此说明共性和个性之间的区别。同异、有厚无厚：战国时名家惠施的论题。惠施认为事物的同、异是相对的，就具体的事物来讲，可以有同异之别，而如果从根本上来讲，万物既可说毕同，也可说毕异。这种理论当时称为『合同异』。又，惠施讲『无厚不可积也，其大千里』，是讲空间上的无限性问题。一说『有厚无厚』是春秋时邓析的论题。察：明察。非不察：并不是不明察。辩：争辩。止之也：

有一定的范围限度。下同。(53)倚魁：同奇傀，奇怪。倚魁之行：指那些不合常情的行为。(54)学：学者。迟：待。就：赶上。同止：同样达到。(55)跬：半步。鳖：俗称甲鱼。辍：停止。崇：通终，最终，终究。厌：堵塞。渎：沟渠。六骥：古代天子乘坐的车，由六匹马拉，这里指六匹好马。下同。不致：达不到。(56)才性：才能、本性。县：同悬，差别。(57)迩：近。(58)暇：空闲。多暇日：指懒惰。出入不远：相差不远，指和『六骥不致』的情况不会相差太大。(59)好法：坚定地遵循法度。笃志：意志坚定。笃志而体：意志坚定而且努力地去实行。齐：疾，这里指思虑敏捷。齐明：思虑敏捷而明智。圣人：指地主阶级中才德完备的人。(60)怅然：形容无所适从，不知该怎么办的样子。志：同识，知。无志其义：不理解它的道理。一说『志』即上文的『笃志』的意思。渠渠然：局促不安的样子。深：深知，精通。类：统类，指能按法令的规定去类推，掌握各类事物。温温然：得心应手的样子。(61)正身：端正行为，指去掉不符合礼所要求的思想和行为。师：君师。正礼：正确解释礼的各项规定。(62)安：怎么。为是：应当是这个样子。(63)礼然而然：礼是怎样规定的就怎样做。情安礼：性情习惯于按照礼去做。(64)非：违背。法：礼法，体现地主阶级利益与意志的法制和道德规定。(65)不是师法而好自用：不遵照师法的教导和规定去做，而喜欢自搞一套。舍乱妄无为：除了干妄乱的事，不会再有别的作为了。(66)正仪：正确的标准，即典范。以身为正仪：以身作则。自安：自己安心于这样去做。(67)帝：老天爷，这里指自然界。(68)弟：同悌。顺弟：尊敬长者。善少：好青年。逊敏：谦虚敏捷。钧：通均，相等。有钧无上：只有能和他相等的人，没有能超过他的人。(69)惮：怕。嗜：贪爱。(70)愓：同荡。愓悍：放荡凶狠。险贼：阴险奸诈。详：通祥，吉利。不详少者：很坏的青年。陷：遭受。刑戮：刑杀。(71)老老：尊敬老人。壮者归焉：青壮年都会归附。(72)不穷穷：不轻视侮辱处境穷困的人。通者积焉：有才能的人就会聚集过来。(73)冥冥：暗。行乎冥冥而施乎无报：做了好事不求人知，对人施以恩惠，也不图报答。一焉：

都归于一处的意思。㉔三行：指上面所说的三种品行。过：祸，祸害。遂：成。天其不遂乎：老天爷也不会使它成为祸害。㉕略：简略，指不斤斤计较。远：避开。惧：警惕，指警惕性高。行道理也勇：勇于去做合乎道理的事。㉖安燕：休息的时候。不惰：不懈怠。勌：同倦，疲倦。枯：苟且，随便。过夺：过分地剥夺，这里指罚不过分。过予：过分地给予，这里指赏不过分。㉗杀：减弱的意思。杀势：指不以势压人。㉘柬：选择。理：文理，指符合地主阶级礼义的道德规范和礼节。柬理：指按照礼义去做。㉙好文：指注重礼节。㉚作好：个人的喜好。作恶：个人的憎恶。路：道。㉛公义：指反映地主阶级利益的道德规范。

不苟第三

君子行不贵苟难，说不贵苟察，名不贵苟传，唯其当之为贵①。故怀负石而赴河，是行之难为者也，而申徒狄能之，然而君子不贵者，非礼义之中也②。山渊平，天地比，齐、秦袭，入乎耳，出乎口，钩有须，卵有毛，是说之难持者也，而惠施、邓析能之，然而君子不贵者，非礼义之中也③。盗跖吟口，名声若日月，与舜、禹俱传而不息，然而君子不贵者，非礼义之中也④。故曰：君子行不贵苟难，说不贵苟察，名不贵苟传，唯其当之为贵。《诗》曰：『物其有矣，唯其时矣⑤。』此之谓也。

【注释】

①君子：指具有地主阶级道德和才能的人。苟：苟且。这里指不合乎地主阶级礼义的那些行为。当：适当，符合。指符合地主阶级的礼义。②怀负石：怀里抱着石头。一说『怀』字疑为衍文。申徒狄：相传为殷朝末年人，因为愤恨自己的主张得不到实行，而抱石跳河自杀。礼义：指地主阶级的等级制度、道德规范和礼节仪式。中：适当，指符合礼义。非礼义之中也：不符合礼义。下同。③平：高低相等。比：靠近，相接。山渊平，天地比：古代有一

种宇宙理论认为，地面之上空虚的部分都是天，所以认为天与地是永远相接在一起的。又因为天地相接，所以地面上不论高山还是深渊，离开天的远近都一样，由此又认为山与渊是高低相等的。齐：春秋战国时国名，在今山东北部和河北南部。秦：春秋战国时国名，在今陕西境内。袭：合，指连接。入乎耳，出乎口：这一句文义不明，疑为《劝学》篇文，误抄在此。一说是指山有耳、口，意思是，凡人站在某个山上呼喊，群山都回荡他的声音，这就好似山听到了人的声音，又回答了人的呼喊。钩：疑当作『姁』，同妪，指年老的妇女。须：同有成鬚，鬍鬚。卵有毛：卵中长有毛。持：把持，主张。惠施：战国时名家的著名代表之一。邓析：郑国人，春秋时期的刑名学家。④跖：相传春秋末奴隶起义的领袖。吟口：传颂于人民之口。奴隶主阶级把跖污蔑为『盗』，荀况也承袭这种传统的说法，这是他的剥削阶级偏见。舜、禹：都是传说中古代原始社会部落的首领。⑤这首诗的意思是：『虽有此事物，只有适时才为贵。』（见《诗经·小雅·鱼丽》）

荣辱第四

憍泄者，人之殃也；恭俭者，偋五兵也，虽有戈矛之刺，不如恭俭之利也①。故与人善言，暖于布帛；伤人以言，深于矛戟②。故薄薄之地，不得履之，非地不安也，危足无所履者，凡在言也③。巨涂则让，小涂则殆，虽欲不谨，若云不使④。

快快而亡者，怒也⑤；察察而残者，忮也⑥；博而穷者，訾也⑦；清之而俞浊者，口也⑧；豢之而俞瘠者，交也⑨；辩而不说者，争也⑩；直立而不见知者，胜也⑪；廉而不见贵者，刿也⑫；勇而不见惮者，贪也⑬；信而不见敬者，好剸行也⑭。此小人之所务，而君子之所不为也⑮。

斗者，忘其身者也，忘其亲者也，忘其君者也⑯。行其少倾之怒，而丧终身之躯，然且为之，是忘其身也⑰；室家立残，亲戚不免乎刑戮，然且为之，是忘其亲也；君上之所恶也，刑法之所大禁也，然且为之，是忘其君也⑱。下忘其身，内忘其亲，上忘其君，是刑法之所不舍也，圣王之所不畜也⑲。乳彘不触虎，乳狗不远游，不忘其亲也⑳。人也，下忘其身，内忘其亲，上忘其君，则是人也，而曾狗彘之不若也㉑。

凡斗者，必自以为是而以人为非也。己诚是也，人诚非也，则是己君子而人小人也㉒。以君子与小人相贼害也，下以忘其身，内以忘其亲，上以忘其君，岂不过甚矣哉㉓！是人也，所谓以狐父之戈钃牛矢也㉔。将以为智邪？则愚莫大焉㉕。将以为利邪？则害莫大焉。将以为荣邪？则辱莫大焉。将以为安邪？则危莫大焉。人之有斗，何哉？我欲属之狂惑疾病邪，则不可，圣王又诛之㉖。我欲属之鸟鼠禽兽邪，则不可，其形体又人，而好恶多同㉗。人之有斗，何哉？我甚丑之。

有狗彘之勇者，有贾盗之勇者，有小人之勇者，有士君子之勇者㉘。争饮食，无廉耻，不知是非，不辟死伤，不畏众强，恈恈然唯饮食之见，是狗彘之勇也㉙。为事利，争货财，无辞让，果敢而很，猛贪而戾，恈恈然唯利之见，是贾盗之勇也㉚。轻死而暴，是小人之勇也㉛。义之所在，不倾于权，不顾其利，举国而与之不为改视，重死而持义不桡，是士君子之勇也㉜。

鲦，䱁者，浮阳之鱼也；胠于沙而思水，则无逮矣㉝。挂于患而欲谨，则无益矣㉞。自知者不怨人，知命者不怨天；怨人者穷，怨天者无志㉟。失之己，反之人，岂不迂乎哉㊱！

荣辱之大分，安危利害之常体㊲：先义而后利者荣，先利而后义者辱；荣者常通，辱者常穷；通者常制人，穷者常制于人，是荣辱之大分也㊳。朴悫者常安利，荡悍者常危害㊴；安利者常乐易，危害者常忧险；乐易者常寿长，忧险者常夭折，是安危利害之常体也㊵。

夫天生蒸民，有所以取之[41]。志意致修，德行致厚，智虑致明，是天子之所以取天下也[42]。政令法，举措时，听断公，上则能顺天子之命，下则能保百姓，是诸侯之所以取国家也[43]。志行修，临官治，上则能顺上，下则能保其职，是士大夫之所以取田邑也[44]。循法则、度量、刑辟、图籍，不知其义，谨守其数，慎不敢损益也，父子相传，以持王公，是故三代虽亡，治法犹存，是官人百吏之所以取禄秩也[45]。孝弟原悫，軥录疾力，以敦比其事业，而不敢怠傲，是庶人之所以取暖衣饱食，长生久视以免于刑戮也[46]。饰邪说，文奸言，为倚事，陶诞突盗，愓悍憍暴，以偷生反侧于乱世之间，是奸人之所以取危辱死刑也[47]。其虑之不深，其择之不谨，其定取舍楛僈，是其所以危也[48]。

材性知能，君子、小人一也。好荣恶辱，好利恶害，是君子、小人之所同也，若其所以求之之道则异矣[49]。小人也者，疾为诞而欲人之信己也，疾为诈而欲人之亲己也，禽兽之行而欲人之善己也[50]。虑之难知也，行之难安也，持之难立也，成则必不得其所好，必遇其所恶焉[51]。故君子者，信矣，而亦欲人之信己也；忠矣，而亦欲人之亲己也；修正治辨矣，而亦欲人之善己也[52]。虑之易知也，行之易安也，持之易立也，成则必得其所好，必不遇其所恶焉；是故穷则不隐，通则大明，身死而名弥白[53]。小人莫不延颈举踵而愿曰：『知虑材性，固有以贤人矣！』夫不知其与己无以异也，则君子注错之当，而小人注错之过也[54]。故熟察小人之知能，足以知其有余可以为君子之所为也[55]。譬之越人安越，楚人安楚，君子安雅，是非知能材性然也，是注错习俗之节异也[56]。

仁义德行，常安之术也，然而未必不危也[57]；污僈突盗，常危之术也，然而未必不安也[58]。故君子道其常，而小人道其怪[59]。

凡人有所一同：饥而欲食，寒而欲暖，劳而欲息，好利而恶害，是人之所生而有也，是无待而然者也，是禹、桀之所同也[60]。目辨白黑美恶，耳辨音声清浊，口辨酸咸甘苦，鼻辨芬芳腥臊，骨体肤理辨寒暑疾养，是又人之所生而有也，是无待而然者也，是禹、桀之所同也[61]。可以为尧、禹，可以为桀、跖，可以为工匠，可以为农贾，在注错习俗之所积耳[62]。为尧、禹则常安荣，为桀、跖则常危辱；为尧、禹则常愉佚，为工匠、农贾则常烦劳[63]。然而人力为此而寡为彼，何也？曰：陋也[64]。尧、禹者，非生而具者也，夫起于变故，成乎修为，待尽而后备者也[65]。

人之生固小人，无师、无法，则唯利之见耳[66]。人之生固小人，又以遇乱世、得乱俗，是以小重小也，以乱得乱也。君子非得势以临之，则无由得开内焉[67]。今是人之口腹，安知礼义？安知辞让？安知廉耻、隅积？亦呥呥而噍，乡乡而饱已矣[68]。人无师、无法，则其心正其口腹也[69]。今使人生而未尝睹刍豢稻粱也，惟菽藿糟糠之为睹，则以至足为在此也，俄而粲然有秉刍豢稻粱而至者，则瞲然视之曰：『此何怪也！』彼臭之而嗛于鼻，尝之而甘于口，食之而安于体，则莫不弃此而取彼矣[70]。今以夫先王之道，仁义之统，以相群居，以相持养，以相藩饰，以相安固邪？以夫桀、跖之道，是其为相县也，几直夫刍豢稻粱之县糟糠尔哉[71]！然而人力为此而寡为彼，何也？曰：陋也。陋也者，天下之公患也，人之大殃大害也。故曰：仁者好告示人。告之示之，靡之儇之，鈆之重之，则夫塞者俄且通也，陋者俄且僩也，愚者俄且知也[72]。是若不行，则汤、武在上曷益？桀、纣在上曷损？汤、武存则天下从而治；桀、纣存则天下从而乱。如是者，岂非人之情固可与如此，可与如彼也哉[73]！

人之情，食欲有刍豢，衣欲有文绣，行欲有舆马，又欲夫余财蓄积之富也，然而穷年累世不知足，是人之情也[74]。今人之生也，方知畜鸡狗猪彘，又畜牛羊，然而食不敢有酒肉；余刀布，有囷，然而衣不敢有丝帛；约者有筐箧之藏，然而行不敢有舆马[75]。是何也？非不欲也，几不长虑顾后而恐无以继之故也[76]？于是又节用御欲，收敛蓄藏以继之也，是于己长虑顾后，几不甚善矣哉[77]。今夫偷生浅知之属，曾此而不知也，粮食大侈，不顾其后，俄则屈安穷矣，是其所以不免于冻饿，操瓢囊为沟壑中瘠者也，况夫先王之道，仁义之统，《诗》《书》《礼》《乐》之分乎[78]！彼固天下之大虑也，将为天下生民之属长虑顾后而保万世也，其汗长矣，其温厚矣，其功盛姚远矣，非顺孰修为之君子，莫之能知也[79]。故曰：短绠不可以汲深井之泉，知不几者不可与及圣人之言[80]。夫《诗》《书》《礼》《乐》之分，固非庸人之所知也。故曰：一之而可再也，有之而可久也，广之而可通也，虑之而可安也，反鈆察之而俞可好也[81]。以治情则利，以为名则荣，以群则和，以独则足乐，意者其是邪[82]？

夫贵为天子，富有天下，是人情之所同欲也，然则从人之欲，则势不能容，物不能赡也[83]。故先王案为之制礼义以分之，使有贵贱之等，长幼之差，知愚、能不能之分，皆使人载其事而各得其宜，然后使機禄多少厚薄之称，是夫群居和一之道也[84]。

故仁人在上，则农以力尽田，贾以察尽财，百工以巧尽械器。士大夫以上至于公侯，莫不以仁厚知能尽官职，夫是之谓至平[85]。故或禄天下而不自以为多，或监门、御旅，抱关、击柝，而不自以为寡[86]。故曰：『斩而齐，枉而顺，不同而一。』夫是之谓人伦[87]。《诗》曰：『受小共大共，为下国骏厖。』此之谓也[88]。

【注释】

①憍：通『骄』，傲。泄：通媟，慢，不庄重。憍泄：傲慢，不庄重。偋：同屏，排除。五兵：指古代常用的五种兵器——刀、剑、矛、戟、箭。②与：赞扬。善：好。以：原为『之』，据《艺文类聚》《太平御览》引文改。③薄：通溥，大。薄薄：宽广。薄薄之地：形容社会广大。履：踏，指立足。危足：侧着脚。危足无所履者：这里用来形容在社会上没有立足之地。凡在言：全在于他以恶言伤人。④涂：同途，道路。让：通攘，拥挤。谨：谨慎。

若云：好像说。不使：这里是不得不谨慎的意思。⑤快快：肆意，不顾后果。一说「快快」为「夬夬」，决断而不疑的意思。⑥察察：十分明察，形容精明。残：残害。忮：害，嫉妒。⑦穷：窘迫。訾：诋毁，污蔑。⑧清：清白。这里指希望得到好名声。俞：同愈，更加。⑨豢：喂养，这里指酒肉之交。瘠：瘦，引申为淡薄。⑩辩：指善于辩论。不说：不能说服别人。争：不相让。⑪直立：正直，正派。⑫廉：有棱角，这里指人的品行正直。刿：伤害。⑬惮：怕的意思。⑭剸：同专，独断专行。⑮务：做。小人：品德卑劣的人，指那些违背封建礼义的人。君子：指具有地主阶级道德与才能的人。⑯斗者：指为个人利益而进行私斗的人。⑰少倾：一会儿。少倾之怒：一时的激怒。然且：尚且，竟然。下同。⑱室家立残：一家老小立即遭到杀害。刑戮：刑杀。⑲下忘其身：「下」字原为「忧」，据文义改。下同。畜：养。不畜：不收留。⑳彘：猪。乳彘不触虎：哺乳的母猪不去触犯老虎。乳狗不远游：哺乳的母狗不离小狗去远游。㉑曾：岂。则是人也，而曾狗彘之不若也：意思是，那么这种人岂不是连猪狗都不如了。㉒诚：确实。㉓贼害：攻击、残害。过甚：很错误。㉔狐父：古代地名，在今江苏砀山附近，传说那里生产一种优质的戈（兵器）。镯：砍。牛矢：牛屎。㉕这句意思是：把这种行为看成是明智的吗？那就没有比这更愚蠢的了。㉖属：归于。狂惑疾病：精神病。㉗其形体又人：他却是人的形体。好恶多同：喜好与厌恶的感情和别人都相同。㉘贾：商人。盗：盗贼。㉙辟：同避，躲避。恈恈然：形容非常贪婪的样子。下同。唯饮食之见：只看到饮食。「饮」字上原有「利」字，据上下文义删。㉚为事利：做事为了利。很：同「狠」，凶狠。戾：残暴。㉛轻死而暴：不怕死而且凶暴。㉜义：符合封建政治、道德标准的言行。不倾于权：不屈服于权势。与：对付，这里指反对。改视：改变看法。桡：同「挠」，屈从。重死而持义不挠：虽然爱惜生命，但是坚持义而不屈从。㉝鲦、鉢：鱼名。浮阳：浮于水面见阳光的意思。胠：通阹，遮拦。胠于沙：这里指搁浅在沙滩上。无逮：无法达到。㉞挂：牵连，遭到。㉟命：命运。荀况在《正名》

中说：『节遇谓之命』，即偶然碰上的叫作命。在《天论》中说：『君子敬其在己者，而不慕其在天者，是以日进也。』所以，这里讲的『知命者不怨天』，是说对于偶然碰上的不幸遭遇，与天无关，所以不怨天，是强调人的主观努力。穷：穷困，无办法。志：知，识。无志：没有见识。㊱反：求。迂：远。㊲大分：根本区别。常体：常规，通常的情形。㊳常通：经常顺利，没有阻碍。制人：制服别人。㊴朴悫：纯朴、诚实。荡悍：放荡凶暴。㊵乐易：安乐。忧险：忧愁危险。㊶蒸：众多。蒸民：众人。有所以取之：各有取得自己地位的道理。㊷致修：最美好，完美。厚：纯厚，忠厚。明：明察。㊸政令法：政令符合法制。举措时：措施适时。听断公：处理政事公正。㊹志行：志向品行。临官治：做官时能把事情治理好。田邑：指封地。㊺循：遵守。刑辟：刑法。图籍：地图，人口册。义：道理。谨守其数：严格遵守它的条文。损益：减增。指更改。持：同侍，侍奉。三代：夏、商、周。官人百吏：泛指诸侯以下的各级官吏。禄：俸禄。秩：指官位。㊻弟：同悌，尊敬兄长。原：同愿，诚实。原悫：忠厚诚实。䌹录：通劬碌，勤劳。疾力：努力。敦：勉力。比：通庀，治理。敦比：努力治理。长生久视：长寿。㊼文：文饰，掩饰。邪说、奸言：指反对封建制的言论。倚事：怪异的事。陶：通谣，虚构的言论，这里指欺诈。陶诞：欺诈荒诞。突盗：凶暴强横。惕：同荡。惕悍憍暴：放荡傲慢而又残暴。偷生：苟且活命。反侧：捣乱。奸人：指破坏封建统治秩序的人。㊽僈：同慢。楛僈：轻率，放纵。㊾材性知能：指自然的资质、认识能力和掌握才能的能力。若其所以求之之道则异矣：至于他们追求荣利的道路就不同了。㊿疾：极力。疾为诞而欲人之信己也：极力去做那些荒诞的事，却希望别人相信自己。
51虑之难知也，行之难安也，持之难立也：意思是，这种人考虑的问题是那些难以理解的问题，做的事情是那些难以做到的事情，坚持的主张是那些难以成立的主张。成：成功，指小人行为的最终结果。其：指小人。所好：指取得荣利的欲望。所恶：指遭到辱害的结果。52辨：治。修正治辨：品行正直，而且把各种事情都治理好。53不隐：

这里指仍有名声。大明：很显赫。弥：更加。弥白：更加显赫。(54)延颈举踵：伸长脖子，踮起脚跟。愿：羡慕。贤人：胜于别人。注错之当：指举止得当。(55)熟察：仔细分析。有余：充分。(56)越：春秋战国时国名，在今浙江省。楚：春秋战国时国名，在今湖北、湖南省一带。雅：通夏，指中原一带。节异：适异，恰恰不同。(57)术：方法。未必不危：指小人对这『常安之术』，未必不以为是危的，所以背弃它。(58)污僈：污浊放纵。未必不安：指小人对『常危之术』未必不以为是安的，所以照着做。(59)道其常：遵循他的常规。道其怪：固执他的歪理。(60)一同：相同。无待：无条件。无待而然：这里指不须经过后天学习培养就具备。禹：传说中古代原始社会部落的首领。桀：夏朝最后一个君主。(61)骨体肤理：指身体。养：同痒。疾养：指痛痒。(62)尧：传说中古代原始社会部落的首领。跖：相传春秋末期奴隶起义的著名领袖。荀况在这里把跖与桀并列，反映了他剥削阶级的偏见。在注错习俗之所积耳：在于举止和风俗习惯长期积累所造成的。(63)佚：通逸。愉佚：愉快，安乐。(64)力：疾力，努力。为此：指为桀、跖。为彼：指为尧、禹。陋：指见识浅陋。(65)变故：指经历各种患难。修为：努力端正品行。(66)生：同性，本性。人之生固小人：人的本性本来是充满了小人的欲求的。无师：指没有封建礼法的教育。无法：指没有封建礼法的制约。(67)重：重叠。以小重小：以小人的本性再加上乱世的乱俗。内：同纳，接受。无由得开内：无从开导，而使他（小人）接受封建礼法。(68)是：肯定，这里是听任的意思。隅积：部分和整体，这里指封建礼法的总体原则和部分道理之间的关系。噍：咀嚼。呥呥而噍：咀嚼的样子。乡：即『香』。乡乡：吃得很香。(69)正：正像。(70)睹：看见。刍豢：指牛羊猪狗。菽藿：豆和豆叶。俄而：突然。粲然：鲜美的样子。秉：拿。瞲然：惊奇的样子。臭：同嗅。嗛：快意，舒服。嗛于鼻：鼻子闻起来很好闻。(71)统：要领，纲纪。相：辅助，协调。以相群居：用来协调社会等级之间的关系。持养：保养。藩饰：装饰。县：同悬，悬殊。下同。几直：岂止，何止。是其为相县也，几直夫刍豢稻粱之县糟糠尔哉：意思是，它们之间的悬殊岂止是肉类、稻米和糟糠之间的差别呢？⑫告示：宣传、教育。靡：磨炼。儇：积累。靡之儇之：使他逐渐养成习惯。鈆：同沿，顺从，这里指诱导。重：反复重申。塞者俄且通也：闭塞的人很快就会明白了。僩：宽大、博大，指见识广博。⑬汤：即商汤，商朝的第一个君主。武：周武王，周王朝的第一个君主。曷：何。可与如此，可与如彼：可以像这样，也可以像那样。⑭文绣：指华丽的丝织品。舆：车。穷年：整年。累世：世代。穷年累世：永远的意思。不知足：原为『不知不足』，据上下文义改。⑮刀布：钱币。余刀布：有多余的钱币。囷：圆形的谷仓。窌：地窖。约者：节约的人。筐箧：这里指贮藏钱帛的器具。筐箧之藏：指有钱帛积蓄。⑯几不：岂不，难道不是。也：同邪，『吗』的意思。⑰御欲：节制欲望。收敛：聚集。⑱今夫偷生浅知之属，曾此而不知也：意思是，现在那些苟且偷生浅陋无知之辈，竟连这个道理也不知道。大：通太。大侈：太挥霍浪费。屈：竭尽。安：语助词。俄则屈安穷：很快就陷于穷困。瘠者：饿死者。操瓢囊为沟壑中瘠者也：拿着讨饭的东西而饿死在沟里。况夫：何况。《诗》：即《诗经》，是我国现存最早的一部诗歌集。《书》：即《尚书》，又称《书经》，是我国奴隶制时代官方文告和政治文件汇编。《礼》：即《礼经》，是记载奴隶社会贵族的礼乐仪式的书。《乐》：即《乐经》，现已失传。分：总纲，根本原则。⑲彼：指先王之道、仁义之统和《诗》《书》《礼》《乐》的原则。沄：同流。温：同蕴，蕴藏。姚远：同遥远。顺：通慎，谨慎，原脱，据《礼论》篇『非顺孰修为之君子，莫之能知也』文义补。孰：同熟，精熟。⑳绠：绳子。汲：打水。不几：不近，相差很远。知不几者不可与及圣人之言：知识差得很远的人是不能和他谈论圣人的话的。㉑反：反复。俞：同愈，更加。㉒治：陶冶。以治情则利：用《诗》《书》《礼》《乐》的根本原则来陶冶性情就可以得到好处。以群则和：用《诗》《书》《礼》《乐》的根本原则来处理社会各等级之间的关系，就可以达到和谐一致。意：疑问词。意者其是邪：是不是这样呢？㉓从：同纵。势：形势。赡：满足。

⑧④载其事：担负各自的工作。机禄：指俸禄。之称：是称，都得到平衡。是夫群居和一之道也：这是使社会上下之间协调一致的方法。⑧⑤仁人：指具有地主阶级道德的人。尽：尽力，精心。贾以察尽财：商人以他的明察精心于理财。至平：最公平。⑧⑥禄天下：受整个天下供奉的人，指天子、帝王。不自以为多：指各尽其职而心安理得。下文『不自以为寡』意思同。监门：看守城门的官吏。御：通迓，逆。御旅：即逆旅，旅店，这里指旅店中的管事人。抱关：看守城门的士兵。柝：打更的木棒。击柝：指打更的人。⑧⑦斩：不齐。枉：曲，不直。人伦：人们的等级秩序。⑧⑧受：承受。共：通拱，法度。小共大共：指大事小事的法度。下国：诸侯国。骏：通徇，庇护。骏厖：保护者。